短视频新动向

Vlog 创作与运营指南

王乃考 著

化学工业出版社

·北京·

内容简介

Vlog正在从小众走向大众化的舞台，且呈现爆发的趋势。未来的短视频行业将进入新的发展周期。作为新事物，需要一定的时间被大众所接受。《短视频新动向：Vlog创作与运营指南》首先介绍了Vlog是什么，包括Vlog的起源、用户画像等；接着介绍了拍摄准备、拍摄技巧、后期剪辑等，包括脚本选定、器材选择、后期剪辑软件介绍等；最后介绍了Vlog的运营及变现，包括各平台的扶持政策、构建社区等。本书适合Vlog从业者、短视频博主、MCN机构以及所有对Vlog感兴趣的读者阅读。

图书在版编目（CIP）数据

短视频新动向：Vlog创作与运营指南/王乃考著. —北京：化学工业出版社，2021.3
ISBN 978-7-122-38278-8

Ⅰ.①短… Ⅱ.①王… Ⅲ.①网络营销-指南 Ⅳ.①F713.365.2-62

中国版本图书馆CIP数据核字（2020）第265193号

责任编辑：刘　丹　　　　　　　　　　　装帧设计：王晓宇
责任校对：李　爽

出版发行：化学工业出版社（北京市东城区青年湖南街13号　邮政编码100011）
印　　装：三河市延风印装有限公司
710mm×1000mm　1/16　印张13　字数169千字
2021年3月北京第1版第1次印刷

购书咨询：010-64518888　　　　　　　　售后服务：010-64518899
网　　址：http://www.cip.com.cn
凡购买本书，如有缺损质量问题，本社销售中心负责调换。

定　价：58.00元　　　　　　　　　　　版权所有　违者必究

当普通人遇上 Vlog

2016年，出现了一个明星级的网红选手——papi酱，她让短视频闯入了大众视野。短视频就此敲开了移动互联网的大门，我们暂且把这一年称为短视频元年。短视频真正崛起是在2017年，这一年，亿级的流量可以轻松达到，短视频真正走入了我们的生活，这也是短视频行业爆发的一年。

到了2019年年末，短视频已经进入了下半场，短视频、抖音已然成为年轻用户流量的收割地。为了不总是"被收割"，越来越多的人急切地向短视频领域进军。此时，一种新的短视频内容形式开始迸发出越来越大的能量，成为当下热议的话题，它就是——Vlog。

在做企业咨询和培训讲师以前，我最早是做营销的，服务过各种类型的企业。无论是营销费用几千块钱的企业，还是营销费用几十万、几百万元的企业，都曾是我的客户。

很多人会问，企业都这样有钱吗？这些所谓的营销费用从哪里来，又用到哪里去？

简单地说，从"流量带来的收入"而来，又因"购买更多精准的流量"而去。如此说来，围绕互联网的所有生意，归结到最后都是流量生意。

要知道，美拍、秒拍这类短视频软件2013年就已经做出来了，但短视频真正大火是在2017年前后，直到4G、5G逐渐普及，普通用户明显感觉网速提高。当大家丝毫感受不到网络卡顿的时候，短视频行业就疯狂发展了起来。随着5G的逐渐普及，短视频平台将会迎来自己的"第二春"，而作为普通用户的我们亦会发现可以看的东西更多了。

短视频还在持续发酵中，文字博客已然趋远，Vlog的时代悄然来临。当短视频行业刚刚进入下半场，Vlog顺理成章地成了各个视频内容平台的焦点，在未来3～5年，Vlog可以说是最有可能成为短视频之后的另一个新风口。

电影《楚门的世界》有一句经典的台词：You were real. That's what made you so good to watch.翻译过来就是：你是真实的，所以大家才这么爱看你。

用这句话来形容Vlog并不为过。在网络上有越来越多的普通人，他们拿起手机、相机记录真实生活的点滴。这样的视频被称作Vlog，而这些创作者被称作Vlogger。

这几年，短视频行业的发展经历了一个野蛮生长、资本驱动的发展期。随着巨头们争相入局，资本在不断加持，Vlog也渐渐从曾经被认为的"小众"走向了大众化的舞台且呈爆发趋势，未来的短视频行业将会进入新的发展周期。但作为一个新事物，被大众接受本身需要一定时间。

而我创作本书的初衷是希望更多的普通人和Vlog有一个联接。本书主要解决了普通人对于Vlog这一短视频新形式的种种疑问，包括带大家认识Vlog到底是什么；比起短视频和直播，它的优势何在；新玩法是什么，如何才能拍出大片既视感；怎样营销、变现，成为下一个Casey；成为Vlogger需要什么特质，等等。帮助普通人建立对Vlog的正确认知，从而更精准地利用这一新事物更好地做生意。

我相信，当我们怀着一颗虔诚与敬畏的心走进短视频下半场，我们所有的困惑都将随着认知的深入迎刃而解！

Vlog的定义，Vlog的边界，Vlog的未来，就像《楚门的世界》电影中，楚门挥手告别时身后的那堵白墙，当普通人遇上它的时候，面对的必然是未知、刺激、忐忑又充满无限可能的风景。

著者

目录

绪论 001

0.1 Vlog的文化生产原理 / 002

0.2 5G时代Vlog的发展趋势 / 008

第1章 下一个短视频流行趋势——认识Vlog 011

1.1 Vlog的前世今生 / 012

1.1.1 从Blog到Vlog / 012

1.1.2 纵向对比：Vlog到底有多特别 / 018

1.1.3 Vlog的用户画像 / 020

1.2 普通人拍Vlog的意义 / 024

1.2.1 普通人也能拍出有质感的纪录片 / 024

1.2.2 普通人也能成为"电影导演" / 026

1.2.3 普通人创造的生活也可以很有趣 / 028

1.3 Vlog跟短视频的真正区别 / 031

1.3.1 Vlog不能用长度界定，真正区别在内容 / 031

1.3.2 Vlog没有商业气息，更容易产生共鸣 / 034

1.3.3 Vlog成功的关键：精准站队 / 035

第 2 章 拍摄准备：选定脚本和器材 是拍摄大片的开始

041

2.1 选定脚本 / 042

    2.1.1 确定拍摄主题：想突出表达什么 / 042

    2.1.2 确定要拍摄的镜头：开场、结尾、转场 / 044

    2.1.3 确定视频背景音乐 / 048

2.2 最常用的随手拍器材：手机 / 051

    2.2.1 分辨率等基础设置 / 051

    2.2.2 拍出4K高清感 / 053

2.3 最专业的拍大片器材：相机 / 055

    2.3.1 口袋相机：手持云台 / 055

    2.3.2 运动相机：GoPro / 058

    2.3.3 可翻转屏幕：佳能G7XⅡ / 060

2.4 最有用的其他辅助拍摄器材 / 062

    2.4.1 自拍神器：蓝牙自拍杆 / 062

    2.4.2 三脚架：八爪鱼支架 / 064

    2.4.3 麦克风：电容麦克风、动圈麦克风 / 066

第 3 章 拍摄技巧：技术过硬就没有拍不成的 Vlog 069

3.1 拍摄方式：高级感是怎么来的 / 070
- 3.1.1 左手"延时"右手"慢镜头" / 070
- 3.1.2 准确对焦，无限接近专业摄影 / 073
- 3.1.3 街拍也可以很专业 / 075

3.2 运镜技巧：质感是怎么形成的 / 077
- 3.2.1 移动摇镜：揭秘事物之间联系，更好地展示主体 / 077
- 3.2.2 一镜到底：搭配停顿慢镜头，增强节奏感 / 080
- 3.2.3 镜头跟随：跟拍移动主角或者跟着主角旋转 / 083

3.3 转场技巧：层次感是怎么制造的 / 085
- 3.3.1 利用特技手段的技巧性转场 / 086
- 3.3.2 利用镜头自然过渡的"无技巧"转场 / 088

第 4 章 后期剪辑：快速成为专业剪辑手，和通宵说再见 091

4.1 容易上手的手机APP剪辑软件 / 092
- 4.1.1 VUE Vlog：最受欢迎的社区化编辑工具 / 092
- 4.1.2 一闪：拍出电影高级质感 / 094
- 4.1.3 猫饼：把复杂的内容变得简单 / 097
- 4.1.4 巧影：安卓系统中的剪辑好手 / 099

4.1.5　InShot视频编辑：免费且专业，适用性广　/ 101

4.1.6　Videoleap：综合性能强大的突破性视频编辑器　/ 103

4.1.7　VLLO：可爱、有趣的良心剪辑软件　/ 106

4.2　一学就会的电脑剪辑软件　/ 108

4.2.1　Premiere：专业级视频编辑软件　/ 108

4.2.2　EDIUS：剪辑功能稳定的编辑软件　/ 110

4.3　记住这些剪辑技巧和特效，再也不用"天亮说晚安"了　/ 112

4.3.1　后期剪辑知多少　/ 112

4.3.2　锦上添花的后期特效　/ 114

4.3.3　让作品更生动形象的动图和贴纸特效　/ 116

第 5 章　Vlog 运营：巨头围猎下的流量"解药"

5.1　极致本地化运营：Vlog 社区　/ 122

5.1.1　Vlog 从本土化到社区化　/ 122

5.1.2　VUE 社区化三部曲：正式升级为 VUE Vlog　/ 125

5.1.3　抖音"Vlog 十亿流量扶持计划"　/ 130

5.1.4　小影"V 光计划"开启极致化本地运营　/ 132

5.1.5 微博Vlog博主召集令 / 135

5.1.6 百度：好看视频"Vlog蒲公英计划" / 136

5.1.7 B站"Vlog星计划" / 139

5.2 **填补短视频领域的审美疲劳：Vlog短视频运营** / 142

5.2.1 基础运营技巧：不浪费每一个好片子 / 142

5.2.2 内容驱动：打造多元化内容增加情感体验 / 145

5.2.3 打造个人IP，跻身潮流KOL / 147

5.3 **寻找共鸣感与缝隙中的增量：Vlog+直播运营** / 150

5.3.1 差异化直播，打造内容IP新玩法 / 150

5.3.2 沉浸式体验，满足用户对另一种生活的想象 / 153

5.3.3 构建更强大的直播UGC社区生态圈 / 156

第6章 Vlog变现：捕捉风口红利期，人人都是Vlogger

6.1 站在Vlog的风口上，人人都是Vlogger / 162

6.1.1 欧阳娜娜、王源入局，明星亲民化的自我修养 / 162

6.1.2 人人都能成为Vlogger，现在入局是最好时机 / 164

6.1.3 避免同质化，做个会讲故事的Vlogger / 169

6.1.4 不要成为为了拍Vlog而拍Vlog的人 / 172

6.2 普通人的Vlog如何商业化——提高商业价值 / 175

    6.2.1 全球Vlogger都在面临的难题——提高商业价值 / 175

    6.2.2 内容变现、平台补贴呈良性发展 / 178

    6.2.3 品牌广告、互动广告——稳定变现的分成模式 / 181

    6.2.4 流量分成，收割新一波Vlog红利 / 183

    6.2.5 Vlog+电商变现初具形态 / 186

参考文献 190

VLOG

绪论

短视频新动向：**Vlog** 创作与运营指南

0.1 / Vlog的文化生产原理

Vlog的学习也有"道""技""法"三个层面。在本书中，Vlog创作环节侧重于按照"技"的法则讲解；Vlog运营环节侧重于"法"的层面解析。因此，在本书的开头部分，笔者给大家补上"道"这个层面的东西，让大家在学习Vlog创作与运营之前先了解一下Vlog的文化生产原理。

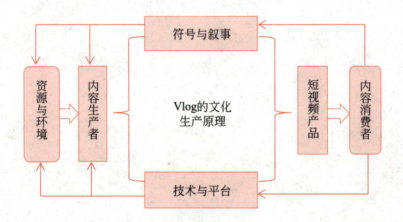

◎ Vlog内容创作的资源与环境

无论多么伟大的内容生产者，其创作都不是在真空中完成的。任何文化产品都是在一定的社会环境下借助某种文化资源创造的。我们所处的环境时刻都在发生新的变化。以前是少数人（作家、记者等）帮我们记录历史，现在我们每个人都是历史的记录者。

我们写微博或者发朋友圈,都是在记录我们自身或我们身处时代的历史。微博、朋友圈的记录方式侧重于文字和图片,而Vlog让我们每个人都可以用影像来记录我们的历史。现在流行一个"媒介考古学",旨在考掘历史上那些失落已久、转瞬即逝、止于想象的媒介物。可以想象,未来我们的后代想了解我们,只需要打开我们的微博、朋友圈、Vlog就可以"再现"今天我们的生活片段。

为了叙述我们今天的美好生活,我们需要在身边发现Vlog创作的"文化资源"。文化资源是用于文化生产的某种符号,也就是说,一段有意义的Vlog内容必须拥有一个有意义的符号。这个符号可以是一个概念、一个人物、一件事情或者一个观点。以前的传统文化之所以会成为"文化遗产",原因之一就是内容无法用当代媒体呈现。短视频是有别于电视、传统互联网视频的新型视频形式,其拍摄、编辑、发布和消费都可以在智能手机这一移动终端迅速实现。因此,我们这个时代留下的永远都是"鲜活"的历史资料。

◎ Vlog内容生产者的文化资本

法国社会学家皮埃尔·布尔迪厄1973年发表《文化再生产与社会再生产》一文,提出了"文化资本"这个概念。这个概念认为,人们通过文化消费(如接受教育、旅游等形式)可以凝结在自己身上一种潜在的生产能力,这种能力为后来生产利润提供了一种智力支持或人文素养。文化资本作为资本的一种形式,和经济资本、社会资本一样,可以表现出资本的获利性、增值性等特征,文化资本的占有者通过文化资本来获利。举个例子,当你在阅读本书时,你正在文化消费,也正在积累你的文化资本。等你阅读完,也许你就会创作、传播和运营你的Vlog,凝结在你身上的文化资本也许就体现出了它的获利性,让你可以从中收益。

由今日头条联合多个头部内容服务平台联合发布的《2020内容创作发展趋势报告》显示,截至2020年年初,创作者的数量已超过2000万。而短视频的爆发则明显拉动了三四线城市创作者数量的增长,但一线城市和那些年轻人聚集的城市依旧是创作者的主战场,变现的方式也更加多元。

近几年,我国政府不断出台新政策引导平台发展Vlog,以引导行业向良性内容生态发展。Vlog的"记录"价值会让更多的人成为视频内容生产者。为此,我们需要通过引导与培训提升Vlog内容生产者的基本素养。这也正是本书的价值所在。

Vlog新内容形态不断涌现,对创作者而言,在综合能力方面提出了更高的要求,需要多多积累自身的"文化资本"。Vlog内容生产者到底需要哪些基本素养呢?首先,Vlog内容生产者需要掌握一定的拍摄、制作技术。Vlog创作门槛很低,但创作精品Vlog的门槛高。Vlog内容想要表达得更清晰、有趣,需要在拍摄技巧方面下功夫。其次,Vlog内容生产者要提高自己的审美能力。Vlog是一种全民化的生活方式,记录美好生活。创作者的审美情趣很重要,要善于发现"美好",才能记录"美好"。不断挖掘我们与外界生活、周围人事物的关系,拍摄走心的内容,才能尽可能避免Vlog作品千篇一律,索然无味。再次,Vlog内容生产者要勇于探索"生财之道"。虽然国内Vlog领域商业化案例还不多,但国外YouTube上Vlog内容创作者已经拥有不少的经营策略,仅流量方面就有不少的收入。

◎ Vlog的符号与叙事

"叙事讲述发生于特定世界中一定数量的状态和事件。"Vlog作为生活记录的载体，其内容应该重视叙事的技巧。Vlog的意义不只在于创作者要在叙事风格上有所创新，Vlog本身就传递了一种交互模式的创新，Vlogger自我个性的表达不断被强化、加持与认可，扩大了符号解读的实际意义。因此，Vlog这一叙事模式避免了传统媒介的单一化、封闭式场景下自我对话的缺陷与虚构。Vlog为观众带来的交互式、人性化的视觉体验更显真实，这也意味着越来越多的人找到了一种新的方式去思考生活及自我。Vlog的日常生活叙事化，充分展现了大众对社会生活的关照，展现了Vlog生产者对现实生活的客观认识和审美观，表现了创作者对日常生活的思考。

当然，无论是何种叙事方式，Vlog都是关于讲故事的，可能是Vlogger的自我反思、私人空间的展示，也可能是一段自我的经历甚至是释放压力的实验等。可以肯定的是，呼唤真实的声音是始终被大众强化的，对Vlog还原真实生活场景的诉求表达了人们对追求美好生活的向往，以及人类追求真善美的永恒的主题。Vlog作为新的传递信息的媒介，它不仅开启了一种全新的记录生活的方式。在今天这个注意力稀缺的年代，更多的Vlogger用行动告诉我们，每个人都有权利定义和塑造自己的生活。

◎ Vlog的技术与平台

Vlog在视觉文化的生产、传播、接受环节具有突出的技术优势，视频日志中图像、配乐、字幕、转场、特效等多种元素营造出丰富的视觉景观，让Vlogger能及时有效地传递自己的感受、想法，为其提供了一种自我表达的新渠道；同时能最大限度地调动受众的感官，带给观者浸入式的视听体验，沉浸感明显。这种新兴的文化生产技术给人类的日常生活注入了活力。

　　文化生产技术是"生活方式及其精神价值"的表征与呈现技术。新兴文化技术正在改变人类社会的生活方式。Vlog让人们处于更加便捷的网络连接点上，让每个人的生活处于无时无刻的持续性的连接之中，从根本上重构了人们的生活方式。Vlog让影像技术深入人们的生活之中，不断深入体验着"生活艺术化"和"艺术生活化"的创意生活。

　　世界著名媒体文化研究者尼尔·波兹曼说："每一种技术有它自身的议程、隐喻等待被揭示出来。"媒介技术的颠覆与变革激活了人们对更多视觉化体验的兴趣与尝试，而Vlog便得益于网络的普及与发展及人们对视觉消费的可视化需求。例如，在身体展示上，文字和图片日志时期，人们特别重视美图，关注自身身体的静态审美；Vlog时期就不同了，人们需要在动态过程中关注自己的身体美学。于是，我们可以说，人们越来越成为身体的"自美者"。这些"自美者"不仅关注身体的外在形式与表现，也更加重视个体的行为美学。

　　消费社会是一个身体展现和身体表现的体验经济社会。体验意味着个人审美情趣和感情色彩的升华，需要在一定交互平台上实现"互感"。Vlog貌似是个人生活的记录，其实也是"文化产品"，一样可以在网络交互平台上具有较好的展示价值。Vlog的创作平台有很多，例如B站、抖音、微博、微视、大鱼号、西瓜视频、头条号等，一切能发布短视频的平台都可以发布Vlog，本书将着重介绍当下几个最受欢迎的平台。

◎ 从产品到消费者：Vlog运营的几种思路

　　当前的市场环境发生了翻天覆地的变化，从最初的以产品为王，到后来的渠道为王，今天，则是消费者为王、用户为王。为此，无论是企业还是个人创作者，都应该实现从注重产品质量到关注消费者体验的转变。关于Vlog的运营，简单说下我的几点思路。

第一，内容更加垂直、细分，内容创作不断打破边界。尤其是那些小众而有特色的内容将更具吸引力。当大众化的诉求越来越难以满足的时候，各平台开始致力于设置细分垂直类，不断满足更多小众用户的需求，从内容上提高平台的吸引力。

第二，IP化运营及多平台分化。无论创作的内容多么吸引人，流量始终是内容创作者开花结果的土壤。为确保流量最大化，很多创作者选择根据发展诉求，在多个平台分化内容，或择其重点平台做好运营。

第三，借力直播电商新风口，变现多元化。创作者的商业化能力强弱决定了与平台关系的强弱。说到底，作者与平台是相互依存的关系。如今，各大平台为了帮助更多创作者变现，除了推出各种政策扶持创作者，还通过整合商业化的渠道资源，打通产业链条，最大限度地帮助创作者把优质内容变现。

文化生产是伴随着人类的产生而出现的，文化生产的内容逐渐从一般日常生活知识过渡到社会意义的生产。不论何种阶段的文化生产，人们创作的文化内容都离不开当时的社会环境和文化资源。Vlog内容生产者通过自身积累的"文化资本"，掌握短视频的符号化叙事技巧，运用短视频制作技术和传播平台，把自己创作的Vlog内容产品传播给对此内容感兴趣的用户（内容消费者）。内容消费者也许不会直接为此支付费用，但内容生产者自有其生财之道。正因如此，考察文化生产活动，不能仅仅从个别环节考虑，必须在文化生产的全部环节统筹研究，这构成了当代文化生产的研究趣味。

0.2 / 5G时代Vlog的发展趋势

Vlog承载着自身优越性，即将获得更多的传播，并逐步进入普及化阶段。作为新走红不久的视频形式，Vlog已经有了一定的知名度和市场占有率，也有了一大批爱好者，但是目前Vlog仍然有很大的提升空间。Vlog在未来几年将集中在哪个方面发力，还需要拭目以待。

但是，目前不少新闻传媒机构也开始了Vlog领域的尝试，探索了"Vlog+新闻"模式。2019年是中央及地方主流媒体试水用Vlog报道时政新闻的元年。相较于传统报道形式，Vlog新闻在抗疫报道中表现出了自身的突出优势。新闻Vlog成为一种帮助观众全面了解采访准备和新闻内容的辅助工具，这种辅助会更好地反映出大型新闻事件的整体面貌。

"Vlog+纪录片"模式也是媒体机构探索的一种新模式。2020年疫情期间，CCTV-9纪录片频道播出了《武汉：我的战"疫"日记》。它用5分钟讲述了坚守在武汉防疫"第一线"的医护人员、外地援助者以及普通市民的战"疫"故事。借助微博、微信、抖音、快手、B站、爱奇艺等播发，获得了快速扩散。截至2020年3月底，微博平台浏览量6356.8万，讨论6.7万。"Vlog+纪录片"这种制作成本低、更新速度快的"微纪录片"已然成为新媒体纪录片的新业态。

iMedia Research数据显示，2019年中国Vlog用户规模为2.49亿人。真实、自然、生活化是Vlog的主要特点，但是其内容的呈现不是非参与式观察的结果,在视频主题的呈现上不仅要贴近生活,在内容的策划上还要保证一定的戏剧性,甚至要把屏幕前的受众带入自己设定的游戏化情境中。"游戏化"和趣味性会给人们的生活带来快乐,但过分的媒介狂欢也会给人们带来"娱乐至死"的危险。更何况,在资本和市场的推动下,Vlog势必会成为一种新型营销工具。资本推动下的消费文化生产,可以刺激、扩大消费,推动物质文明快速发展,但并不能在物质生产极大丰富时自动实现共产主义,因为这种文化生产会不断制造消费符号、扩大消费欲望,最终使人类陷入欲壑难填的危险境地中。

  Vlog的定义,Vlog的边界,Vlog的未来,就像《楚门的世界》电影中,楚门挥手告别时身后的那堵白墙,当普通人遇上它的时候,必然是一场充满了未知、刺激、忐忑又充满无限可能的风景。

  如今,5G时代来临,移动互联网无论是在流量还是在速度上都给用户带来了更好的体验,我们的智能手机可以做更多事情,短视频依然是其中很被看好的一个领域。这也意味着Vlog这一新形式的短视频市场还有一定的可挖掘和操作的空间。不论前路如何,Vlog已经开进了快速发展与普及的快车道上,我们必须怀着一颗虔诚与敬畏之心真正走进短视频下半场。

第1章

下一个短视频流行趋势
——认识Vlog

> VLOG
>
> 一些人正在拍摄Vlog，
> 一部分人正在观看Vlog，
> 更多的人并不了解，Vlog到底是什么？

1.1 / Vlog的前世今生

1.1.1 / 从Blog到Vlog

随着近年来短视频行业不断向机构化、规范化发展，短视频的用户争夺战也愈加激烈。在一片红海之下，年轻用户群体越来越厌倦现有的"刷屏式"快餐文化。而Vlog作为一种新的视频形式，正在加速从诞生到兴起，从小众到大众的普世化进程。

Vlog，博客的一种，全称是Video blog或Video log，意思是视频博客、视频网络日志，源于Blog的变体。Vlog创作者以影像代替文字或相片，写个人网志，上传至网络与网友分享。而创作者通过拍摄视频记录日常生活，这类创作者被统称为Vlogger。

你可以把它理解为视频博客、视频日记。拍摄者通常是个人（作者），素材是自己的日常工作或者生活，拍摄完毕后通过剪辑发布在社交平台与用户分享。

简而言之，就是拍摄者对于日常生活片段的记录拼接。如今，Vlog这种新的短视频形式成为越来越多95后甚至00后使用的生活记录方式。

尽管Vlog在我国流行不久，但在国外，它早已算不上什么"新星"

了。Vlog起源于国外最大的视频分享社交平台YouTube。2012年，第一条Vlog在YouTube上诞生，到2019年，随着YouTube的更新迭代，Vlog也成了YouTube上最为核心的短视频内容之一。

Vlog传入我国后，这个"外来客"的用户和粉丝群尽管还无法与国外的知名度、流行度匹敌，可以说，Vlog在我国尚处于发展的初期阶段，它对于大众还是一个比较新的概念。发展到现在，很多短视频平台正在布局Vlog，将它作为内容运营的未来发力点。

2019年下半年，北京卫视在推出的三部文创类真人秀——《上新了故宫2》《我在颐和园等你》《遇见天坛》中融入了Vlog元素，率先在自己的综艺版图上开启了布局Vlog的计划。

2019年4月13日，西瓜视频推出了Vlog课堂并成立了Vlog学院，用十倍流量扶持Vlog创作者。另外，西瓜视频在几档微综艺——《花样人生》《终极选车》《Real生活》节目中，以短视频+直播+Vlog的新形式进行IP营销。

2019年4月25日，抖音平台打破15秒短视频时长限制，全面开放1分钟视频权限，10亿流量扶持Vlog，同时在站内发起Vlog主题活动，鼓励用户以新的形式更好地记录生活。

2019年5月10日，百度好看视频上线，推出了Vlog视频功能，并称未来还将不断加码。

2019年5月31日，B站上线"Vlog星计划"，每月投入100万元奖金支持Vlog创作者。其实早在2018年年底，B站就发起过30天Vlog挑战活动，并带来了十分可观的流量。

……

随着巨头们争相入局，Vlog渐渐从曾经的"小众"走向了大众化的舞台，且呈爆发趋势。在短视频领域审美疲劳的今天，Vlog是否真的能为短视频下半场带来一股清流，让人惊喜，这大概是走进短视频下半场后所有人的困惑。同时，具体可行的商业变现模式还在探索的路上若隐若现。

客观地讲，来到我国后的Vlog显然有些"水土不服"，原因主要有三点。

（1）文化属性

国外本身自带DV（Digital Video的缩写，意为数字视频，常代指数码摄像机）文化属性而国内没有，国内用户用拍视频来记录生活点滴的习惯在抖音、快手出现之后才渐渐火起来，但是骨子里的习惯还未养成。

（2）用户属性

国外用户普遍个性张扬、崇尚自我、喜欢表达。而国人一向克己复礼，不善于自我表达。直到近几年，90后、00后成为用户主流，思想观念、生活方式的转变以及各大社交软件的迭代，这才让人们对着镜头讲述自己一天的日常没有那么困难。

（3）技术属性

拍摄Vlog有一定技术门槛，这也阻碍了它在国内的传播和风靡进程。

既然Vlog还没有大红，为什么依然不容小觑，又凭什么吸粉无数，渐渐成为短视频下半场的主流趋势？先来看一组由艾媒咨询❶发布的相关数据（见下页图），2019年我国Vlog用户规模达2.49亿人。

---

❶ 艾媒咨询：全球领先的移动互联网第三方数据挖掘与整合营销机构，专注于移动互联网、智能手机、平板电脑、电子商务等产业研究的权威机构，是国家统计局主管的中国市场信息调查协会（CAMIR）的成员单位。

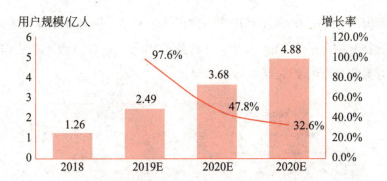

从Vlog在2019年度用户规模及未来三年内的用户规模预测来看，Vlog无疑是一股鲜活力量。

和抖音、快手这类平台上那些迅速蹿红的短视频比起来，Vlog的特点或者说它的优点是，视频由拼接剪辑而成，更具个性风格和个人色彩，没有花哨、华丽的特效，内容通常是记录生活日常，没有哗众取宠、博人眼球的表现，显得更加平缓、真实、质朴。其优势可以归结为三点。

① 内容上。题材广泛，带有强烈的个人色彩。

② 形式上。类似日记、小作文，注重叙事，故事性强。

③ 表现上。节奏平缓，剪辑精致，看起来更加有质感。

所以，坚持用Vlog拍摄记录生活、制作Vlog大片的用户群正不断壮大。

以国内90后、00后年轻用户占比最高的B站（网站哔哩哔哩的简称）为例。在B站上搜索Vlog，可以看到各种Vlog活动以及数千条点击量在几十万到几百万的Vlog视频搜索结果。

上图是2020年8月26日在B站检索"Vlog打卡"活动的页面截图。通过标题就可以看出B站上这些Vlog的特点，大多是个人生活、旅行或是参加某些活动的日常影像记录。

再来看看在最具开放性的社交平台——新浪微博检索"Vlog"会看到什么（见下图）？

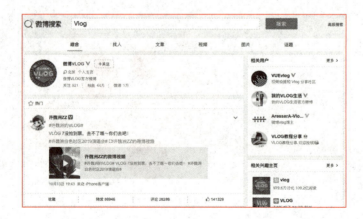

搜索后，首先出现的是微博的Vlog官方账号，在右侧"相关兴趣主页"一栏中我们可以看到，关于Vlog话题的讨论数量高达979万，阅读量近109亿。在下拉页中，通常是排名靠前、人气较高的明星的Vlog。下图是上热门的某位明星。

打开这些Vlog会发现，视频内容多是以创作者为主角，就像写日记一样记录自己的生活经历，再通过拼接、剪辑，配上音乐、字幕，制作成颇具个人特色的视频。

对于全球范围内的年轻用户而言，Vlog逐渐成为他们记录生活、表达个性的主要方式之一。我国也有越来越多的年轻用户选择用Vlog这种新形式记录生活。在短视频发展进入下半场的今天，除了创作者个人、明星用户，不少企业也开始尝试用Vlog营销并取得了一定效果。Vlog对我国用户而言有点熟悉又陌生，有点水土不服却又能吸粉无数，足见我们对Vlog充满了好奇——它的发展进程、它背后的年轻用户以及它商业变现的可能。

1.1.2 纵向对比：Vlog到底有多特别

当Vlog渐渐从小众走进大众的视野，我们只有更明确地了解它的本质特性，才能从陌生变成熟悉。我们通过纵向对比来了解Vlog的不同之处，借以思考我们该如何结合当前的时代背景重新认识Vlog。

1.1.2.1 Vlog与短视频

无论是内容、形式还是平台，Vlog和抖音、快手这类短视频本质上是不同的物种，这注定了二者是一条平行线。区别如下。

（1）前者从容记录，后者瞬间吸睛

时长是最大的不同。4～10分钟的Vlog会让叙事变得从容，也需要凭借创作者的拍摄手法和叙事能力平缓地把观众带入主题，承载了更多话题性、分享性和互动性。而短视频必须高效地利用15秒钟的每一秒钟，让每个镜头都有意义，让每一秒都能刺激观众的神经，才有可能让用户感到"爆笑""惊艳"。

因此，Vlog和短视频本质的差别在于"分享"和"秀"。"分享"更注重体验，完成情感连接，让作品的情感体验独而不孤。"秀"更注重"博眼球"，制造爆点。在场景、渠道等重要的短视频市场中，Vlog受内容驱动，观众更注重Vlog的思想性。

（2）前者审美区隔，后者视觉消费

和短视频侧重炫酷的审美取向不同，Vlog有更强的审美区隔。

用户今天的消费从根本上说是一个体验性消费。用户在消费过程中，商品和服务不只是在生理上令人满足，更重要的是心理上的满足。短视频在很大程度上是一种视觉快感的满足，而Vlog则是在此基础上，能产生自我认同的满足感和社会意义实现的愉悦感，这种体验也就是我们常说的品味或者格调。

（3）前者社交属性，后者媒体属性

通过高频率的互动和情感连接把陌生的人联系在一起，这便是社交的本质。

相比于更侧重博眼球和娱乐、承载媒体属性的短视频，Vlog的特质无疑是一把社交利器，承载的是社交属性。别忘了，Vlog的发源地是YouTube，这可不单单是一个视频平台，它还有社交属性，所以说Vlog是由社交驱动的。

1.1.2.2 Vlog与直播

（1）较为类似的日常化趋向

Vlog的核心是日常感，这种感觉与直播是契合的。因为Vlog作为影像内容，本质是直播和真人秀的综合体，只是最终呈现的是经过剪辑的独立视频，其内容展示的不是真人秀里戏剧化的情节，而是与直播相似的普通人属性，日常感非常强烈。

（2）更胜一筹的沉浸体验

Vlog作品指引我们暂时脱离时间和空间的限制，去体验另一个时期

另一个人的故事，满足了我们对另一种生活的想象。

直播同样有代入感，以主人公为中心，给观众带来的是"云体验"。相比之下，Vlog视频在色彩饱和度、色调、亮度上都具有更好的表现力，能够最大限度地保留生活的真实状态，能更好地将观众带入，让人有身临其境之感。

（3）实时性与延迟性

直播平台中聊天、打赏等激励机制是Vlog没有的。观众可以专心收看视频作品，更为直观、准确地感受创作者的思想，引发更为细腻的情感共鸣。

当然，和直播"360度无死角"的全方位凝视主播不同，Vlog的画面传播具有延迟性，在为个人隐私留有余地的同时也保留了视频主体的观赏性和艺术性。Vlog可以通过字幕、音乐等元素对内容进行渲染。从这个角度来说，创作者对视频内容的把握有更多的主动权。

商业市场按照层级来分，可以分成上层市场、中级市场和底层市场。现在我们看到的主要是Vlog上层市场的成功，接下来根据不同平台的特点、用户需求，各大平台都在尝试打通中层和底层市场，甚至要在都市用户层、学生用户层打造Vlogger，积蓄内力，占领市场高地。

有用户就有市场，品质过硬就有大把人疯抢。在未来一段时间里，Vlog仍然是一个蓝海市场，在这个从小众到大众普及的过程中，势必会有能力和资源相当的平台拿到重新定义Vlog的话语权，至于是哪个平台，我们拭目以待。

1.1.3 / Vlog的用户画像

玩转Vlog的年轻人都什么样？又是什么吸引着这些用户对着镜头记

第1章　下一个短视频流行趋势——认识Vlog

录生活？

从微博到抖音、快手，"15秒"甚至更短时间似乎与以碎片化为特征的互联网内容分享场景更为匹配。而Vlog作为短视频领域的新星，用户对于短视频这类视频的时长理解是至少在1分钟以上。于是很多人怀疑，它真的可以像抖音一样从其他短视频类型中抢夺更多用户吗？

答案是肯定的。

起初是在2018年年底，大疆❶发布了口袋云台相机Osmo Pocket。这款相机的特点是只有录音笔大小，看起来就像是由简易的GoPro和一根自拍杆组合而成的手持相机，但视频拍摄能力较强。很快，这台相机就在社交网络上传播并赢得了"Vlog新手的最强装备没有之一"的评价。很多玩Vlog的明星也大力推荐这款新的自拍神器。公开数据显示，Osmo Pocket上市第一季度，京东的线上消费者的评论累计数超80万条，一度出现脱销。这件事也加速了创投圈等对于Vlog市场前景的积极判断。同时也说明很多人已经成为Vlog的用户，不单单追求视频的"短"和"快"，而是进入到创作层面。优质的内容和产品总是要经历一段时间的沉淀才会爆发。相比之下，抖音这类短视频更容易吸粉，而Vlog这类相对较长的短视频更容易沉淀粉丝。如果说2018年是"Vlog创作者元年"，2019年是"Vlog用户元年"，那么2020年以后就很可能是"Vlog爆发元年"。不管呈什么趋势发展，短视频背后的用户和用户需求是永恒的主题。

提到Vlog，不得不说说第一个拍摄Vlog的人——Casey Neistat。他在YouTube上的粉丝订阅用户超千万，他曾连续600多天更新Vlog，真正做到了把Vlog当作一种生活方式，用Vlog来记录生活。Casey说："在以前，一个人出生的社区可能就决定那个人的一生，但现在科技发展了。因为科技，他们可以大展拳脚，到他们以前从未伸展到过的地方。"他希望用自

---

❶ 大疆：大疆是深圳市大疆创新科技有限公司旗下品牌。

己的力量改变这个世界。如果按热度把YouTube上所有的Vlog排名，第一的就是Casey Neistat。从那以后，Casey被后来的Vlog玩家称为"Vlog之父"。

很多人说Vlog的拍摄门槛高，可Casey Neistat却是"自学成才"。他拍的都是生活化的Vlog，十分有趣，令人百看不厌，每支Vlog都有超百万的浏览量。

我们把视线拉回国内，有"中国Vlog第一人"评价的是一位叫作冬瓜孙东山的加拿大华人，他从事新媒体运营的工作，他在国内被大众熟知的身份则是"中国版Casey"。当他发现Vlog这种展示生活、表达个人观点的方式，要比纯文字、图片和15秒的短视频更加清晰、直观，制作也更具挑战的时候，他坚信挑战新事物和这种表达方式是他热衷探索的事情，所以很自然就参与其中了。

如今，越来越多的人倾向于Vlog这种影音结合的方式分享、记录自己的生活。如果给Vlog的用户画像，你会发现Vlog背后的年轻人们原来长这样（下图）。

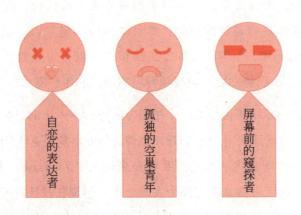

（1）自恋的表达者

对于一向内敛含蓄的我国人来说，"自恋"似乎并不是一个好听的词。

自己举着镜头对着空气自我表达，时光倒回5年至10年前，估计这样的举动只能用"壮举"或者"叛逆"来形容。可是今天年轻人的想法截然不同。曾有一家专注于视频制作传播的广告公司对千禧年以后的年轻用户做调查发现，新一代年轻用户更加自恋，注意这里的自恋不是贬义词，它代表着：不做追随者、不随波逐流，不屈从于规则，从小被教育要勇于发声、表达自我，标新立异。这类人更愿意成为未来某种流行趋势的"话事人"。显然，Vlog这种独特的内容形式和风格更能便捷地满足这类人的表达欲。

此外，"自恋"者通常更追求"人格属性"和接近仪式感的体验感。高压的快节奏生活让现代人不敢慢下来，变得急功近利。Vlog对于创作者来说更像是寻找生活里的仪式感，随意性和互动性较强，兼具公开性和私密性，这种体验在快节奏的日常生活中是难以获得的。渴望表达的"自恋"的年轻人写日记不用再锁起来，Vlog给了这些人充分表达自我的机会，人们也更容易接受Vlog这种新形式。

（2）孤独的空巢青年

空巢青年，指那些远离亲人、故乡，独自在大城市奋斗打拼，过着独居生活、缺乏家庭生活与情感寄托的青年，城市的繁华和高压让这群人更加孤独。

北京青年志市场营销咨询有限公司发布的《年轻人趋势报告》指出，如今所谓的"空巢青年"在追求自我的同时，伴随他们最多的词是孤独、丧、抑郁。个性化没有错，但也在一定程度上削弱了他们的集体感和归属感。

记录性质的产品具有"陪伴"的功能。除了第一条中的表达自我的社交需求，Vlog作为人与人之间情感的连接，还满足了空巢青年的陪伴需求，启动了这些人的"多巴胺"按钮。人们通过Vlog体会他人的生活日常和生活方式，获得一定程度上的替代性满足，甚至是找到了自己的"同类",慰藉了陌生城市里孤独的自己。这种感觉让用户觉得创作Vlog的人就是自己的家人、朋友。

(3) 屏幕前的窥探者

经典电影《楚门的世界》里,楚门是一档大型真人秀节目的主人公,三十年如一日地被别人观看自己的生活片段。可能人就是有一种窥私欲望。这也是为什么那些虚虚实实的明星八卦总能成为人们茶余饭后的谈资。而Vlog的特性不仅在于是一本"视频日记",这本日记还可以公开,把自己的生活分享给他人。允许用户围观你生活的一隅。在现实的社交规则中窥探他人的私隐通常是一种被抵制的行为,Vlog以"共享"的方式,让用户看到视频里其他人的生活,就会短暂地跳出自己原有的生活,走进"陌生人"的世界。Vlog大大满足了用户对他人生活的"窥探欲"。

Vlog的特性为其带来了忠实的用户群,也进一步勾勒出了Vlog商业变现的可能性所在。

1.2 / 普通人拍Vlog的意义

1.2.1 / 普通人也能拍出有质感的纪录片

不了解、不会拍、看不懂、不值得尝试……一直以来,普通人对Vlog的态度都不是那么友好,它一直被定义为"小众文化"。直到2019

年，各方的态度才发生改变。以抖音为代表，还有微博、B站、西瓜视频平台都开始加码Vlog，依托平台培养自己的内容生产者——头部Vlogger。原因无他，在传统短视频和长视频已经日趋成熟的今天，玩法基本固定，市场眼看饱和，创作内容的形式也从最初的简单粗暴发展到精耕细作的阶段，好内容的门槛逐渐变高。因此，不只是从小众到大众的Vlog在试图转型，传统短视频等具有相应功能的社区平台同样在不断探索，这时，对接Vlog就成了必然。

近两年，短视频大热、智能科技的发展让"拍客文化"实现了普及。于是，刚刚在上层市场的垂直领域取得一定成绩的Vlog，被看作是未来最有可能突破圈层的撒手锏。

普通人和Vlog的距离有多远？在Casey Neistat拍摄的Vlog中，用户总是能跟随Casey以第一视角感受不一样的生活，如Casey体验阿联酋航空777新版头等舱的Vlog，用户可以通过该Vlog了解头等舱的可密闭私人空间、洗护用品、专属餐饮、娱乐系统等一应俱全。这就是Vlog的精髓：让用户跟随拍摄者的镜头以第一视角体验生活。

如果把视频比作一个菜篮子，那么短视频就是个小菜篮，Vlog这种四五分钟的长视频就是一个大菜篮。已有的固定框架决定内容呈现出来的结果。小菜篮装的菜自然少，大菜篮装的菜多。而Vlog作为视频日记所呈现的内容主题主要集中在个人生活方式上。

比如，西瓜视频想塑造一个"普通人也能玩转Vlog"的新生态，试图让这种记录方式"飞入寻常百姓家"。

在西瓜视频首页检索"Vlog"，我们的确会发现，搜索结果中出现的基本都是路人甲，而非流量明星，但是这些人也有很大数量的粉丝和点击量。Vlog开始出现更多平民化的日常。例如，一对在外地打工的小夫妻，每天拍摄自己上下班的日常，分享平凡的爱情生活；某高校研究生用四五分钟时间分享自己的学霸成长之路；在上海工作的某程序员小哥分享每天与周围人共事的画面。

这些Vlog里没有太多精致的生活，也没有夸张的技术流，仅仅是展示一种日常，便有上万人围观。如果Vlog能完全从"精英化"过渡到"普世化"，相信会有越来越多的普通人选择这种形式记录自己的生活。

回过头来看Vlog的传播路，尽管它是从小众开始流行起来的，但这丝毫不影响它走向大众化。Vlog可以利用内容的影响力，吸引主流明星使用，再通过明星吸引粉丝效仿，从而向普通用户过渡。

只有当Vlog的受众越来越多，变得更亲民，价值才会逐渐被抬升。西瓜视频之所以能涌现越来越多的Vlogger，在于它天然的优势：没有海量明星，没有形成大头部，更多的是普通用户，这恰恰是普通人需要的机会。

1.2.2 / 普通人也能成为"电影导演"

人们记录生活的方式在不断演进。移动互联网的发展不断推动、衍生出更高层次的内容消费需求，记录和分享成了很多普通人的日常习惯。

现在，生活很美，想法很多。从早期的博客到空间日志、豆瓣广播，从朋友圈九宫格到全民直播，每个阶段我们都在寻找一种更为完整、高级的记录方式。从最初只有少数用户关注，到部分品牌试水与知名Vlogger合作。经过两年多的沉淀，Vlog在平台、Vlogger、品牌主、受众这几方面发生了质的变化。而当移动设备不断迭代升级，通信技术从4G飞向5G时，短视频逐渐被万千普通人接受和运用，落到记录、表达真实生活这件事情上，Vlog无疑是未来最好的一种方式。故事是生活的比喻，每个人都是自己的导演。

研究表明，如果一个视频的缓冲时间大于5秒钟，用户就有很大可能放弃观看。等待缓冲的时间每多出一秒钟，用户选择其他更为流畅的视频的机会就更大。但是，随着5G网络技术的不断普及，未来影响用户观看的将不再是缓冲的网速，而是内容。

拍摄Vlog的门槛很低，但拍出好的Vlog的门槛很高，这条不只适用于Vlog，所有的短视频内容都一样。纵观现今市场，大多数Vlogger还只局限于简单的生活记录，缺乏个人风格特色，大部分记录的内容是对某已有领域中内容的承袭。内容重复、缺少新意，用户看多了难免审美疲劳。但若向专业制作人看齐，Vlog到底是一个记录自己生活给别人看的视频日记，还是一个等待被审判的作品？关于如何成为一名Vlogger、怎样拍出优质的视频，我们将在后面章节详细阐述。在成为一名Vlogger之前，我们更应该明白，Vlog只是一种表达的形式，这种非编剧、无脚本的生活内容记录与艺术性更强的微电影并不矛盾。

仔细分析，大部分人的Vlog都是这样的微电影——主人公的线性时间比较单一，叙事依靠因果关系，记录现实生活。他们之所以选择把Vlog发出来是因为有被人理解的渴望，带着这种发自内心的渴望，自然能找到更适合自己的记录方式。

Vlog始终是关于真实生活的，其本质是记录生活，更好地增强叙事性、表现力和新意，只不过是寻找更好地展示自我的方式和路径而已。但现实生活中有太多不确定性，这反而让Vlog更具观赏价值。当视频日记遇见社交平台，由于记录的同时也被感兴趣的人围观，所以在一定程度上，其内容或多或少是一种被"美化"了的生活日常，Vlog和剧本的完美契合并不矛盾，一支优质的Vlog不可能100%脱离编剧而存在。毕竟，故事亦是生活的生动比喻。

不管是用户还是传统主流媒体，接纳新的传播手段和形式，通常要比大方向、主流趋势慢至少一拍。如果有一天，我们发现身边的人都开始像用QQ空间、朋友圈一样每天更新视频日志，那就意味着Vlog真正成了一种全民化的生活方式。

肉眼可见的是，短视频行业的巨轮还在飞速向前，Vlog的出现必定会让身处这个时代的人都成为时光的见证者、回忆的收集者、生活的记录者。

1.2.3 / 普通人创造的生活也可以很有趣

Vlog这个载体最有趣的地方在于，不管从何而来，如何演变，它最主要的还是用来记录自己的生活。假使我们每天都用频繁更新动态的方式记录，难免有时自己都厌倦，而如果能有一种新的形式，把一个星期甚至某一个阶段的生活浓缩在一个东西里，就会变得很有趣。

1.2.3.1 / Vlog都是跟着生活走

笔者曾和一位Vlog博主朋友KC谈论如何拍摄一支Vlog，朋友表示他拍摄Vlog时，生活里发生了什么就会拍什么，他所拍的内容都是跟着生活走。

（1）过度表演就会失真

朋友KC是这样解释的："因为生活本身就具有不确定性，所以我通常对拍摄没什么计划，除非是跟小伙伴的活动聚会之类的，或者是一些计划内的旅行。但我对其中将会发生的故事并没有规划，因为不管是在旅途还是生活中，将会发生什么事情，我们完全不能精准预料。关于Vlog的真实性和表演性的争议，在我看来，Vlog是一种还原真实生活但又高于生活的艺术。我们本身就是很普通的记录者，跟演员不一样，没有表演天赋，强行去演就很尴尬。所以，拍摄是跟着生活走，而拍什么我是跟着感觉走。"

KC还笑称，"我现在拿起相机的速度和判断这一段内容精不精彩的能力有了质的飞跃。"

（2）适当表演才有趣

用朋友KC的话说，Vlog在帮我们记录生活的同时也帮我们再现了生活本来的样子。之所以喜欢拍摄Vlog，是因为记录会让生活非常有根据。它能够真切记录过去一段时间里，我们和谁去了哪里，做了什么。

除此之外，拍摄Vlog似乎对我们普通人的生活并不会造成太大的影响。因为我们和流量明星不一样，一天毕竟有24个小时，Vlog只有几分钟，再长也就十几分钟。我们的生活还有很大一部分并没有被曝光。

因此，Vlog虽然是记录真实生活的工具，但就像文字、图片一样，它也是一种载体，只不过它换了一种形式——Vlog将故事从文字、图片上搬到了屏幕上。

不管是哪种形式，我们在拍摄完毕后，都要用各种方式去润色，以便呈现一个完整的故事，从而更好地表达自己的创意和想法。但是，平常人的生活有什么可看的呢？

当你一定要强调表演性时，就避免不了制造噱头，适当地"表演"。毕竟，拍摄一支令自己和粉丝都感兴趣的作品也是对大家和自己的尊重。镜头在你手中，如何拍摄、剪片由自己决定，这是一个选择问题。

只是在"表演"过程中，我们要掌握好度。例如，拍摄开箱视频，通常开箱视频我们都是独自在家里或者办公室里完成，在这样的空间里讲话我们通常是不会"哇"的一声很惊喜且开心地喊出来的，但面对镜头，你就可以表现得夸张一些，适度地放大情感。所以就算有表演的成分，Vlog中流露出来的情感必须是真实的。

1.2.3.2 改变一下记录的方式，生活也可以变得有趣

Vlog的拍摄方式还有很多，有时稍微改变一下方式就能增加趣味性。例如，我们的惯性思维通常是将自己作为拍摄的对象。其实，我们也可以将身边的人作为"串场"的角色，为Vlog增添互动性及趣味性。如果实在没有更好的故事可叙述，不妨再换一个视角，以"第三方"的角度去拍摄他人的生活，从他人的故事中传达自己的观点。总之，不断挖掘我们与外界生活、周围人事物的关系，拍摄走心的内容，才能尽可能避免Vlog作品千篇一律，索然无味。

再比如，我们可以设置好角色拍一部喜剧。也许你会问，平常的生活内容与艺术性更强烈的喜剧是否矛盾？如果我们的生活有其荒诞之处，那么Vlog与喜剧创作的结合似乎是很神奇的契合。在美国有一档知名的娱乐节目叫《柯南秀》，这个节目经常外拍，内容几乎都是人们在生活场景中的真实反映。

而在国内，我们对喜剧的接受度其实并不高，并不是因为我们不喜欢

喜剧，而是大部分人在没有指导的情况下拍不出喜剧，尤其是荒诞的喜剧。表演不当或者表演过头，粉丝可能觉得不好笑，也可能觉得被冒犯。但用Vlog拍摄的好处就在于，它是一个非常好的即兴平台，你无需像大导演、大艺术家一样拍得多么专业。

Vlog在国内的受众相对年轻，仍未真正大火。但正是由于Vlog受众年轻，只要内容有趣，就能获得受众，毕竟年轻的用户对视频内容的接受度较高。所以，哪怕对于我们普通人而言，在Vlog内容创作的深度和广度上，我们都有更多的自由和可能性。

1.3 / Vlog跟短视频的真正区别

1.3.1 / Vlog不能用长度界定，真正区别在内容

如今，15秒短视频的内容越来越"套路化"，而大多数Vlog多为节奏平缓的内容，没有那些博人眼球的情节，或者过于绚丽的画面。从这个角度来说，Vlog就要求拍摄者有更强大的创作能力和后期剪辑能力。

在拍摄Vlog之前，我们要做好内容构思：今天要拍摄什么主题，大概需要准备哪些素材，要什么类型的背景音乐，甚至要采用什么样的拍摄角度等。换句话说，要想拍好Vlog，Vlog的内容要有创作者自己的调性，这一系列的准备工作源于创作者对作品的质量要求较高。

其实，Vlog和抖音、快手都属于时长较短的视频，但他们之间又存在差异。

（1）人格化色彩明显

Vlog作为一种自我表达的形式，吸引用户最关键的因素之一，是创作者通过视频传递出的生活态度和人格魅力。

抖音、快手等短视频平台的内容，最大的特点是"创新""爆款""猎奇"。国内Vlog最初在海外市场的用户主要是留学生，学生们以第一人称视角记录自己的日常生活。例如，"我在××的一天""我在××逛街""我今天参加××面试"等视频日志，个人色彩明显。

（2）深度的自我表达需求

记录或表达，是人类与生俱来的本能欲望。

从文字、图片再到短视频，我们传递信息的形式变得越来越具体。可以说，移动互联网的成熟，在一定程度上放大了这种表达欲。而Vlog本身集内容创作、旁白、配乐和后期剪辑等多重新鲜元素为一体，传递出的内容更生动形象，也更易于被年轻的用户接受。在拍摄过程中，我们通常以第一视角面向用户，像朋友一样对话，这大大降低了双方的距离感。

这也是Vlog和其他短视频最大的区别。如果说其他短视频是"展示内容"，那么Vlog的核心则是"表达内容"，小而美的品质内容才是Vlog创作者手中的砝码。

Vlog作为舶来品，在我国市场其实是先有内容，后有平台。这导致很多质量上乘的Vlog作品四处散落，还没有形成良性发展的生态圈，内容在尚未聚合时又遭到流量平台哄抢这块未完全出炉的"蛋糕"。

殊不知，在把关注点聚焦在抢夺市场之前，我们应该先把目光投向内容本身。这跟我们在互联网时代做产品一个道理,一个产品是否成功,利润不是唯一的标准。我们必须承担社会赋予的责任,首先就要保证产品有过硬的内核,这也是变现的关键。

举个简单的例子,假设你是一名Vlog博主,积累了一定数量的粉丝,那你很有可能被平台和品牌方选中,与品牌建立长期合作的关系。我们在给品牌长期输出优质内容的同时,品牌也在给创作者机会,让我们把自己的标签、调性融入Vlog中。说白了,我们是通过Vlog和品牌方相互推广,在一定程度上获得曝光。

一个现实的问题是,由于目前各大Vlog平台的红利是短期且有限的,即便是广告收益也要按一定比例分成,最终到创作者手里的收益并不多,而且非常不稳定,随时都可能中断。所以,对普通用户来说,试图在短时间内单靠Vlog变现有一定难度。当话语权不在创作者手中时,就意味着在平台手中,万一平台发展受阻,创作者的红利就会被削弱。除了平台的限制,在平台与Vlog创作者中间,大批MCN(Multi-Channel Network的缩写,是一种网红经济运作模式)机构也在虎视眈眈。有人说,MCN想毁掉一个Vlog创作者太容易,一旦我们变成了生产内容的机器,若要保证作品数量,往往难以长期保持作品的质量。而在利益的诱惑下,很多不成熟的创作者,其思维还停留在流量=广告=金钱。

客观地说,在我国市场,每个平台都想成为YouTube这种垄断式的内容创作平台。眼看Vlog的传播越来越火热,似乎让很多人觉得好机会来了!可即便是本着培养头部创作者的善良的MCN机构也无法保证创作者的未来,平台需要的永远是数量和质量"兼容"的优质内容。再小的MCN机构也要生存,那么通常情况下至少要有固定的十几个到几十个创作者,他们在创作出作品后,MCN还要经过筛选再提供给平台。比起内容风格单调的独立创作者,平台想要的是通过流水线式的快速生存模式更迅速地甄选出好内容。

说到底，时间的长短不再是判定内容是否优质的唯一标准，但对于创作 Vlog 的我们而言，优质内容就是我们手中最有力的砝码。

1.3.2 / Vlog 没有商业气息，更容易产生共鸣

产品从诞生到爆发，商业化是必然趋势。但是，商业红利不等于生存红利。比起数量、流量，产品内容对用户的价值更重要。也就是说，产品的商业化价值不代表它一定要有浓厚的商业气息。近几年，文旅产业有一个很普遍的现象，很多景点名气很大，人们在没去之前心向往之，到达以后看到实际的风景，会觉得名不副实。

之前去伯克利上学的欧阳娜娜因为发了几条 Vlog 而圈粉无数。很多人以为内容无非就是女明星光鲜亮丽的炫耀帖，没想到欧阳娜娜的那几条 Vlog 太接地气了。上来就告诉大家，因为自己没有买床，刚来波士顿只能睡在地上，这样的情景让用户一看便有一种亲切感，更易产生共鸣。

那么，作为普通用户，我们该如何避免拍出浓重的商业气息，使自己拍摄的内容与同类短视频区别开，看起来更接地气呢？

① 用匠心雕琢内容。要弱化现代商业气息，首先我们要用匠心打造创新时代的内容。

如果你想好 Vlog 的主题，但是对有些问题还不太理解。那么，就先从客户角度进行思考，思考其他 Vlog 火爆原因是什么，不断设计与打磨，用匠心雕琢内容，逐渐形成你自己的风格。

② 坚持通过分享美好的事物传递正能量。无数 Vlog 达人自学修图、

文案、剪辑，只为把美好的事物传递给更多人。我相信，大部分用户分享Vlog作品，都源自他们内心的热爱。

③ 放下你的虚荣心和口号，踏实拍摄。今天，很多人在产品设计时，"工匠精神"一词对他们而言就像一套模板化的宣传口径，尽管无数次被提及，甚至鼓动大家一起喊口号，但是真正愿意追求工匠精神的人还是太少。

大家都知道，独具匠心打造出的内容永远不会被埋没，总有一天会成为平台上众人瞩目的焦点。但是，真正的工匠精神需要通过各种不同的思维方式去辅助思考，进而通过迭代优化、精心打磨不断去实现的。

④ 找到Vlog和短视频的契合点。如果说拍摄短视频的高效等特性让用户有了更多的选择，适合内容端快速引爆。那么Vlog这种偏日记式的视频记录方式，更适合塑造平台内容的调性，从而增强用户黏度。对于创作者而言，也更容易让用户深刻地感受内容，引起用户共鸣。要做到这一点，我们就要找到Vlog和短视频之间的契合点。

短视频受限于内容时长，目前除了广告点击之外，商业空间的增长还有待观望。Vlog的时长、故事性与生活化，都决定了为今后的商业化增加更多植入的可能性。从这个视角来看，如何植入才不会让用户觉得生硬，让消费者更容易接受，是我们要解决的问题。

综合来看，抛开商业化的诸多可能性，Vlog的拍摄是为了回归记录生活的"初心"，就算未来随着Vlog的传播，我们有了更大的商业野心，也要时刻记得回归生活，初心不改。

1.3.3 / Vlog成功的关键：精准站队

Vlog这个媒介新形态所涉及的人群、利益组织覆盖了社会的各个领域。开发Vlog业务的人肯定不是创作者和网红经纪公司，而是潜伏在供给端的各大平台。只是，并非所有平台都适合做这样的事，尤其是已经培养出原始文化的平台，推行新概念往往意味着遭遇用户的抵制。所以，如果Vlog的风已经刮起来，哪些平台最有可能成为新的爆发地？一定是那些正在培养Vlog文化的平台。

根据各大平台在市场的最新表现和用户属性，我们把现有的平台做了一个不完全统计。现有的短视频市场，以抖音、快手为代表的短视频平台基本瓜分了大部分的用户流量；而微博、微视、百度、B站、知乎等都具有热点属性，还有一些专门为Vlog而生的平台应用，如大热的VUE Vlog等，同样有可能成为一个新的有力竞争者。

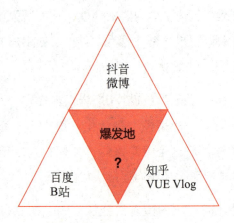

（1）第一梯队：抖音、微博

首先，在推行Vlog的风潮中，抖音、微博作为目前互联网上最受欢迎的两个APP，本身具有庞大的流量载体，具有十分明显的优势，更容易成为新事物的发源地。

其次，这两个平台方都相当重视Vlog的发展，如抖音的"10亿流量扶持Vlog计划"和微博的"Vlog召集令",对创作者而言都是难得的机会,同时也推动了Vlog在平台的发展。

说起抖音,就不得不提到与快手的区别。快手是短视频领域的另一个王者,但其用户类型和抖音有一定的差别,快手更加多元和接地气。抖音作为短视频的超级爆发地,与Vlog的过渡衔接更为自然。而Vlog里一些关于视频的玩法也更加符合抖音用户的消费习惯。

微博作为最为早期的信息平台之一,其自带的社交属性和用户沉淀是其他平台所没有的优势,在社交上也更能满足Vlog的需要,从而吸引流量,引发用户之间的互动。

(2)第二梯队:百度、B站

这一梯队里的平台是综合性较强的平台,用户阶层多样化,但总体是年轻阶层较多,用户流量大,易于推行新事物,人们的接受度也更高。这样的平台才足以支撑Vlog的发展。

平台方重视Vlog的推行和发展,都能抓住风口打造Vlog社区,布局Vlog生态。例如百度的"蒲公英计划"、B站的"Vlog星计划",两大平台在扶持的力度上并不弱于第一梯队,纷纷积极入局短视频风口,培养新的用户习惯,试图抢占第一波市场流量和红利。

之所以将百度、B站列为第二梯队,主要是考虑到平台本身的优势。

百度属于搜索与内容分发的基站,而B站是ACG[1]视频社区,二者最大的特点和优势是在各自的领域做到了行业顶尖。由于平台的用户和社区属性已经成型,用户对平台的印象已经固定。如果在平台再推行一个新的社群和玩法,很可能会因为平台原本的业务优势而让新业务失去辨识度,

---

[1] ACG:动画(Animation)、漫画(Comics)和游戏(Games)的英文首字母缩写。

没有足够的吸引力。

道理很简单,这就像是一片丛林里,小树苗总会被高大茂密的大树枝丫遮挡阳光,得不到足够的养分,导致生长缓慢。

(3)第三梯队:知乎、VUE Vlog

这一梯队的平台都涉及短视频内容。其中VUE Vlog是专门为Vlog创建的专业平台。看似一个业余、一个专业的平台有一个共通点,即目前在短视频市场的占比不高。这样的短板决定了平台难以在短时期内打造出一个足够有爆点的Vlog社区,其推行和发展还需要长时间的用户沉淀。

知乎,众所周知属于问答类社区,同样属于内容社区,它的优势在于社群场景的自建属性。即平台的Vlog场景是由用户的提问、分享和回答组成的,短期内会吸引感兴趣的用户,但长期发展还需要平台的运营和长期沉淀。

而类似VUE Vlog这样的APP,属于工具+平台的应用,即用户使用软件拍摄和剪辑Vlog,并分享到自带的或其他社区平台中,形成社区闭环。流量入口就是工具软件本身,平台是用户沉淀,并通过扩展社交,建立脉络清晰的商业模式。

比起前面两个梯队,其实第三梯队的平台更具有发展Vlog的潜力,但也有明显的短板,运营推行起来还需要很长的周期。

就目前而言,Vlog将引导下一波短视频的市场流量,这种趋势的优势还是比较明显的。我们也不能单从国外的趋势去判断国内用户对于短视频的消费趋势。国内用户大多历经短视频的野蛮生长期,在受到同质化严重的视觉冲击后,开始进入审美疲劳期。那么,挖掘优质内容、打造个性IP是创作者和平台都需要转型的方向。

无论Vlog未来发展如何,向上依然是平台流量的争夺战,向下则是各大公司黑科技的革新。当"拍客文化"渐渐成为常态,各种Vlog"神器"会成为用户的新宠,尽管用户尚未提出更高的要求,但平台唯有走在用户前面,才能在蓝海市场中找到立足点。在这个漫长而又不经意的过程里,我们会看到更多的可能,平台聚焦流量,Vlog拥抱生活,未来已来!

第 2 章

拍摄准备：选定脚本和器材是拍摄大片的开始

每次技术的发展都会带动营销形式的变革。
Vlog，继直播和短视频后又一品牌营销新玩法。
未来将有更多品牌加入Vlog营销。

2.1 选定脚本

2.1.1 确定拍摄主题：想突出表达什么

拍摄前，首先要明确拍摄的主题，然后挑选适合的配乐映衬主题。整体的风格可以是欢快的、搞笑的、安静的，或是其他类的风格，但切忌随意拍摄，不要为了主题而拼凑素材，否则会让人无法理解拍摄的意图，也无法在众多类似主题的Vlog中脱颖而出。

想要表现主题，就要先理解构图这个概念。构图，是摄影的重要元素之一，主要作用就是表现主题。无论拍摄的风格是什么，构图都是必不可少的环节。

从根本上说，任何题材都有着不同的视觉效果。在拍摄的时候，调整机位、角度、取景的位置是赋予图片美感的重要手段。不同的机位、角度和取景拍摄出的图片表达的含义也不相同。对于摄影爱好者来说，如何确定拍摄主题，并考虑用图片更好地表达出来，是摄影的主要环节。

下面分享两个确定表达主题的要点。

（1）观察画面中的"亮点"

观察画面中的"亮点"，指的不是画面中的光源或是发光的物体，而是可以让人锁定目光的景物或事物。很多喜欢摄影的朋友拍摄的时候会犯一个共性的错误，就是想尽可能把眼前的景物都保留在画面中。但过多的元素反而无法更好地表达主题。摄影的时候，需要根据自己想表达的内容，调整拍摄机位、角度、取景的位置，赋予画面灵魂，也就是所谓的"亮点"。让人有"一见钟情"的感觉，也能让人更清楚地了解画面中想表达的意图。

摄影者在确定主题的时候，要仔细观察被摄影物及其与周围事物的联系。先整体后细节。整体是为了确定想表达的主要内容，而细节往往是图片的亮点所在，抓住这些细节，为你的图片增添亮点。在看见某个场景或事物的瞬间，脑海中就要开始构思：这个画面的亮点在哪里，什么样的角度拍摄会更好。先通过想象来进行构图和取景，再着手拍摄。这样，作品的主题就会清晰、明了。

（2）通过正确的构图表达主题

构图是引导观者视觉的关键所在，好的构图层次清晰，主次分明。一张好照片直抓人心，可以让观者顺着摄影者的想法和意图去观看，主题一目了然，并能让观者感受到拍摄者拍摄时的心境。

构图的方法有很多，需要根据拍摄的内容、场景等因素来选择合适的构图方法。罗丹说过"这个世界不是缺少美，而是缺少发现美的眼睛。"细心观察，选择合适的构图方法，就能拍出好的图片。

如何在拍摄时确定画面的主题呢？

确定主题，就要考虑画面的主体，即你想表达什么、突出什么，这取决于拍摄者的想法。以景色为例，想要突出整体景色，就要虚化画面里的人物。若是想要突出人物，就拉近角度。这就是以突出主体来确定主题的方法。

还有一个突出主题的方法——后期调色。同样的照片，换个滤镜就会给人不同的感觉，比如灰色调给人一种苍凉荒芜的感觉。色调调了我们视觉上的直观感受，也反映了拍摄者希望展现的主题。人物照也是同理，比如黑白色系给人的直观感受是比较酷，视觉上的冲击比较强烈。这里不再一一举例。总之根据自己想要表达的主题，后期修饰拍摄的照片，也能够很好地突出主题。这取决于你想要展现怎样的画面给观者。

2.1.2 / 确定要拍摄的镜头：开场、结尾、转场

从拍摄视频的专业角度来说，一个完整的Vlog分为五个部分：开场、结尾、转场、A_roll、B_roll，这几个词听起来似乎很难懂，但其实很容易理解掌握，拍摄起来也并不复杂。

（1）开场

一个合情理又赏心悦目的开场，不仅给内容加分，还能够吸引用户。需要注意的是，Vlog的开场不需要像抖音、快手这类短视频那样开门见山地引爆全场，除非你能确保一段几分钟的短视频从头到尾都是"爆点"，否则就要巧妙安排时间。

（2）结尾

结尾很简单，不需要过多操作。如果你是一名新手，实在不会做也可以省略。

（3）转场

转场是为了突出Vlog时间和空间上的起承转合的变化，优秀的转场

能让整个Vlog看上去就很"高大上"。这一点我们可以通过前期的拍摄以及后期的剪辑来完成。对于新手来说，也可以直接用语言来描述场景的转换，前提是要衔接自然。

（4）A_roll

A_roll指影片叙事主线，也就是整个Vlog的主线内容，是不能缺少的部分。它们的作用在于保证整个Vlog的连续性，让用户一下就明白你在做什么、你要干什么。就像是一个行走的博主对着镜头前的观众说：今天做了什么、明天准备去干什么以及接下来要先干什么等，也可以直接用连续的镜头来说明。

（5）B_roll

通过B_roll强化Vlog内容，就像文章里的插画、配图，通过画面来叙述你做了什么。

以上5点只是对一个标准Vlog的说明，也是我们拍摄一支完整Vlog的镜头要素。其目的是让我们的拍摄思路更加清晰，用户也能深刻了解我们想要表达的内容。这几点并不是必需的要素，如果你的Vlog主题故事足够新颖、完整，拍摄的素材足够充实，那就无需在意这么多条条框框。但是我们在拍摄过程中要注意以下事项，见下表。

Vlog 镜头拍摄注意事项

注意事项	详细描述
光线问题	尽量选择光线好的地方拍摄，如果在室内拍摄可以打光
对焦问题	跑焦和虚焦往往令拍摄者很尴尬，更会让用户觉得很不专业
声音收录	不说话、没有声音的视频不需要麦克风，如果讲话则需要一个外接麦克风
镜头角度	拍摄镜头的角度要多样化，增加画面的丰富性和充实感，避免用户过早地审美疲劳

除了掌握拍摄的部分，拍摄过程中我们常常会遇到光线和对焦的问题，这些细节也是需要注意的，拍摄的时候要把握好。

适合你Vlog的镜头最"带感"

至于拍出什么样的镜头才最合适，或者说你需要一支什么样的镜头才更贴切，这个问题因人而异。在确定自己需要拍出什么样的镜头前，先仔细想想自己想要拍出什么样的场景。以下这些总结会告诉你，如何选择适合自己的镜头以及怎样拍出有质感的镜头。

① 考虑清楚，你是否需要昂贵的专业镜头。工欲善其事必先利其器。想要拍出大片感，首先要选择一个合适的镜头。如果你是专业拍摄Vlog的博主，你打算用除了手机以外的镜头去拍摄，又或者你可能需要拍摄一些特殊的题材，这时候我们就需要用到一些专业的镜头，例如鱼眼镜头、微距镜头、移轴镜头等。在大部分情况下，这些特殊镜头我们往往只是偶尔使用一次。所以，如果你不是拍摄特殊题材的专业摄影师，完全没有必要去买太多昂贵的镜头。急用或用的次数有限时，可以去借一个或者租一个。

② 你是否想让整个场景都融入镜头。当你在拍摄街头、旅行、风景或者是环境的时候，你可能并非只是拍摄局部的特写，而是需要拍摄出整个场景。这时候的你就需要一支广角镜头，其作用是帮助你尽可能地展现场景。

由于镜头所覆盖的范围可以拍摄到足够多的细节来展示你的主题背景，一些专业的摄影师会把广角镜头当作拍摄故事的绝佳镜头，这样可以更好地突出拍摄的主题、更好地讲故事，这种拍摄通常应用于纪实摄影、场景肖像的拍摄。

如果你需要拍摄浅景深效果，广角镜头是无法满足你的要求的，这时候你可以使用中长焦镜头站在很远的地方拍摄。我们知道，景深和焦距有着密不可分的联系，同样主体大小、同样光圈，焦距越长，景深越浅。严格意义上来说，就算不是一个全幅的广角焦距，只要我们距离要拍摄的主体够远，就可以捕捉到所有的人物以及整个场景，背景也可以清晰地展现出来。

③ 适时地使用长焦镜头。对于运动摄影、野生动物摄影等特殊内容的拍摄，长焦镜头的运用至关重要。尤其在体育摄影的时候必须要使用一支长焦镜，毕竟，你很难靠近正在运动的运动员。所以，如果当你和拍摄主体距离很远，只能远远地望着你的拍摄主体，那么你需要一支长焦镜头来捕捉由这段距离产生的"美"。

有的街头摄影师之所以喜欢使用长焦镜头来拍摄，是因为这样可以在尽量减少攻击性的前提下拍摄人们的细微表情。唯一的缺点是背景的缺失，你很难拍摄到整个场景，只能拍到主题。

④ 拍出漂亮的散景。如果你只需要主体清晰，背景并不在你的首要考虑范围，那么你最好制造出朦胧虚幻的效果，将背景全部虚化掉。使用一个大光圈的镜头可以做出这个效果，但大光圈镜头通常都很贵。如果你不以摄影为生，没必要买大光圈镜头。在此，给不太懂镜头的朋友科普一下，镜头的光圈挡位称为F数，光圈值。实际上，我们使用中长焦距拍摄的时候，F2.8甚至是F4就可以创造出足够浅的景深。总之，不需要痴迷于大光圈镜头，有时候使用变焦头的长焦端也能拍出你想要的效果。

⑤ 拍出具有视觉冲击力的照片。广角镜头可以强化近大远小，这种拍摄手法通常应用于拍摄风光、建筑等题材。由于其特殊的透视畸变，只要你稍微靠近拍摄主体，就可轻松拍出视觉冲击力很强的照片。当然，利用畸变拍摄人像，也可以营造出一种创意效果。

⑥ 拍出细节之美。如果你很擅长观察事物并发现它们的美，或者是拍局部、细节，那么长焦镜头是一个不错的选择。长镜头可以去掉周围多

余的景物，压缩视觉，让画面更纯粹、简单，同时又可以凸显细节、局部的美感。

⑦ 拍出肖像/模特之美。如果是你，你想用什么方法来记录你想拍摄的模特？

一种是使用广角来拍摄（如腾龙85mm F1.8 VC镜头），我们在拍摄全景或者全身肖像的时候可以使用，这样可以在短时间内提供完整的背景。但是，千万注意，不要让你的广角镜头离拍摄的内容太近，尤其是太过靠近主角的脸，除非你想扭曲他的脸。

另一种是使用长焦镜头（如佳能EF 16-35mm F2.8镜头），它可以帮助弱化掉模特的背景，还可以为你的画面提供更加科学的视角来让你接近主角，这并非只有在拍摄局部特写或者半身肖像时可以用得到。

2.1.3 / 确定视频背景音乐

背景音乐，英文缩写为BGM，也叫作伴乐、配乐，通常是指在动画、电视剧、电影、电子游戏、网站中用来调节气氛的一种音乐。BGM通常插在视频对话之中，可以增强视频主人公情感的表达，给用户身临其境之感。

不知道你有没有这样的体验，如果一段Vlog视频画面不清晰，但是声音很清晰，你是可以坚持看完的。如果Vlog视频画面非常优质，但声音却不清晰，甚至背景乐有杂音、破音，你大概率是无法忍受着看完的。

原因很简单，我们的听觉远比视觉敏感，声音的重要性远高于画面。

如果你的Vlog是要说明一个故事，你的声音作为一种画外音，那么，你只要在一个安静的环境中，用手机自带的耳机和麦克风就可以录制；如果你的Vlog是要在某些画面场景中突出对白，那么，你就需要用外接麦克风来完成录制。

这里要强调的是，如果Vlog需要额外录制声音，就要尽可能地提高音频的质量。这一点非常重要，但也最容易被忽略。

一段背景音乐的植入恰到好处，还能巧妙地提高Vlog的高级感。这需要我们对音乐有一个非常好的把握。换言之，本身要有一定的音乐素养才能够选到好音乐。无论是旋律，还是节奏，一段音乐若能完美配合你的画面，它的作用可不小。

（1）烘托气氛

音乐不仅可以为Vlog提供一个背景，还能使用户有身临其境之感，将氛围烘托到极致。从这个角度来说，背景音乐有助于提升玩家的体验感，这是我们在拍摄Vlog作品时一个不可或缺的勾勒故事线的技巧。

如果健身房的背景音乐是一首萨克斯版的《回家》，想必整个健身房的人都没动力健身了。再如，《恋与制作人》中女主角在制作节目时，会出现一段快节奏的背景音乐，营造一种一旦选择错误，就会失败的紧张感。

在经典电视剧《天龙八部》中，当演员骑着坐骑在无量山中游玩时，蝴蝶、蜜蜂翩翩而来，在其周围飞来飞去，这时响起的背景音乐是《莺歌蝶舞》，这就非常契合此时的环境与故事人物当时的心境，也会让观众得到一种愉悦的满足感。

（2）提示剧情

背景音乐需要紧跟故事情节的发展，因此，任何Vlog作品的背景音乐都不是一成不变的。这一改变其实是为了提醒创作者，我们需要在风格、情绪、节奏、音色等方面做出改变。

例如，在游戏《生化危机》和《合金装备》中，玩家在与敌人战斗时，背景音乐就会变成给人紧张感的音乐，而在存盘点或者非战斗状态，游戏音乐就变得非常平缓，提示玩家正处在安全状态。

再比如，音乐剧《歌剧魅影》中音乐天才魅影谱写了一出歌剧《唐璜的胜利》。其中有一段剧情讲述的是诱拐少女，这段故事其实是为后面魅影在舞台上拐走女主角做了预示，当剧情进行到诱拐时，背景音乐先后使用了 Don Juan Triumphant《凯旋的唐璜》和 The point of no return《覆水难收》，这样巧妙的衔接使得观众在看到这一剧情时，并不会觉得很突兀。

（3）作为Vlog中角色、地点等元素的标签

在音乐学中，所有音乐标签都统一被称为"leitmotif（主旋律）"，意思是该剧中人物的主旋律音乐。还是以音乐剧《歌剧魅影》为例，男主角魅影一出场就用了《歌剧魅影》这首主题曲作为背景乐，在以后的情节中男主角的出场一直都伴随着这首音乐，以至于魅影还未现身，观众只听到音乐声一响，便知道接下来魅影要出场了，这就叫故事的"标志性"音乐，也就是"标签"。

《洛克人》系列中的布鲁斯、《天龙八部》中的乔峰出场时，都配有专属于他们的乐段。

很多时候我们需要一个背景音乐来衬托Vlog的环境或者人物感情，那么我们该如何选用适合Vlog的背景音乐呢？

① 要清楚所要找的背景音乐要用在什么场合，需要怎样的情感共鸣。一个简单的办法就是去各大APP上搜索与Vlog主题相关的关键词，会出来相应的歌单。

② 有时候背景音乐的选用靠的是日常积累，所以我们要养成听音乐的习惯。酷我、酷狗、网易云音乐、QQ音乐这些APP都是不错的选择。

③ 背景音乐尽量"少而精",尤其是人声音乐,因为人声音乐容易分散用户原本聚集于Vlog画面和剧情上的注意力。

④ 音乐是作品的加分项,切忌过于单一。

⑤ 若是用户刚好插上耳机,背景音乐"咚"的一声窜进了耳朵,用户体验感就会很差,所以不要配节奏特别强的音乐。

最后,给大家介绍一个简单的剪辑背景音乐的技巧。好音乐本身就自带节奏,其轻重缓急本身都十分优秀。所以,这个技巧就是将背景音乐的节奏作为剪辑点。这样截取背景音乐的好处是让人感觉音画同步,这时你的Vlog短片也就有了轻重缓急的高级层次感。

2.2 最常用的随手拍器材:手机

2.2.1 分辨率等基础设置

如今,大部分的手机像素足够我们拍摄一个日常的Vlog,我相信没有哪个朋友的手机不能录制一支1080P(一种视频显示格式,P意为逐行扫描)的视频,现在很多手机都能拍摄4K视频了。手机足够轻便,是最具性价比的器材。对于想要尝试的新手来说,手机就足够了。当然,除了拍摄起来更方便,我们还可以加个手机支架,有足够预算还可以配一个手机云台。

适合手机屏幕的分辨率让拍出的Vlog更有质感。在设置手机的分辨率之前，我们首先要了解关于分辨率的几个常识性问题。

(1) 像素

所有的画面都是由一个个的小点组成的，这一个个的小点就是像素。一块方形的屏幕横向有多少个点，竖向有多少个点，相乘之后的数值就是这块屏幕的像素（包括数码相机的像素也是这么乘积出来的）。

为了方便表示屏幕的大小，通常用横向像素×竖向像素的方式来表示。例如，电脑屏幕中很常见的1024像素×768像素，手机屏幕中很常见的240像素×320像素。

(2) 分辨率比

我们经常听到的4：3、16：9、16：10、21：9，这些比值其实就是指分辨率中横向像素与竖向像素的比值。以前的电脑屏幕几乎都是4：3，随后宽屏显示器出现，16：10开始流行，比较常见的分辨率有1280像素×800像素。

后来随着HD电视的发展，16：9这个尺寸开始普及，因为HD电视的片源通常是1080P（分辨率为1920像素×1080像素）和720P（1280像素×720像素），因为传统的16：10的显示设备观看高清会留有黑边，而16：9尺寸的现实设备可以实现没有黑边的播放，这也是HD显示设备流行的原因。

(3) 尺寸比例

21：9通常是电影用的尺寸比例，当然也有21：9的电视等显示设备，但是21：9的手机并不多，其分辨率为800像素×352像素。

(4) 设置手机分辨率

我们可以在拍摄Vlog前设置好手机相机的分辨率，现在的手机基本上都默认高清1080P，已经足够保证高质量的画质。

设置完分辨率记得擦拭手机镜头。别小瞧这个动作，差别是很大的。同时，别忘了熟悉手机自带的特效功能。

最后，在熟记本节知识点以后，特别推荐大家看两段小视频。这是很好的学习用手机拍摄Vlog的案例。

① 陈可辛用iPhone X拍摄的《三分钟》短片。

② 该《三分钟》短片幕后拍摄花絮，下图为幕后花絮的截图。

2.2.2 / 拍出4K高清感

在上一节中我们提到了4K，今天我们已经越来越多地听到4K分辨率这一个说法，4K常见的就是4096像素×2160像素。也就是说像素越来越高,视频也就越来越清晰。4K是衡量Vlog画质的一个普遍标准。

在YouTube上,4K视频源已经屡见不鲜。而在国内,4K也将随着5G技术的普及成为主要的视频源信号。所以,手机拥有拍摄4K视频的功能是非常必要的。

有意思的是,如果我们把视频的4K换算为像素,其实才相当于照片的800万像素。要知道,800万像素在今天的照片品质中可以用"低"来形容。但是视频是一秒钟至少拍摄24张。这样一来信息量就变得异常大。所以拍摄4K视频的能力,成为现在衡量Vlog画质的一个标准。因此,我们看到现在主流手机都已经来到了4K分辨率时代。iPhone和华为现在已经来到4K 60FPS❶,这给拍摄短视频的人提供了越来越强大的技术支持。

当然,你会发现一种情况:即使视频的分辨率相同,清晰度也会有一定的差异。原因是,视频除了前面提到的分辨率和帧率以外,还有一个参数标准:视频的码率。码率是专业视频制作者才会注意的参数,我们在此不做过多介绍,我们只要知道它的单位是kbps,其数值越高越好。根据香农定律,一个播放设备应该播放其分辨率2倍的视频源的效果是最为清晰的。这句话的意思是,一支分辨率是4K的视频,在2K的设备上播放效果是最好的。

以上就是拍摄Vlog影片时一些相关参数的基本概念,有了这些基础作为铺垫,我们在拍摄时会更有把握。以iPhone为例,所有参数的设置都可以在iPhone的"设置——相机"中找到,具体设置有几点需要特别说明。

① 在"录制视频"的选择中,在"格式"设置中打开高效,我们可以选择4K 60FPS。iPhone相机操作的4K 60FPS是H.265编码。目前,一些播放平台和一些剪辑软件可能还不支持这种编码格式视频。

---

❶ FPS:图像领域中的定义,是指画面每秒传输帧数,通俗来讲就是指动画或视频的画面数。

② 打开录制立体声，2018年以后的iPhone都具备这项录制功能，它可以让你的视频声音更具空间感。

③ 当选择4K 30P，可以打开"自动低光FPS"，作用是改善弱光画质，且效果非常明显。

2.3 最专业的拍大片器材：相机

2.3.1 口袋相机：手持云台

手持云台，因其小巧便携同时兼具防抖的功能，成为大片爱好者们的防抖云台稳定神奇，选择手持云台的注意事项见下表。

选择手持云台的注意事项

功能特性	详细描述
小巧轻便	可以随时拿出来拍摄，不会错过当下想记录的美好时刻
自动对焦	把拍摄物体拍得更清楚，识别功能实时对准人脸
翻转屏	能够很好地管理表情，确保颜值时刻在线
防抖	画面抖得太厉害会影响用户的主观感受
直出色彩好	省去后期调色
其他要点	可更换镜头、麦克风接口，这两点看个人需求。对于新手来说，不是很重要的需求

随着科技的发展，我们用手机也可以拍出大片。没有摄影技术的你，是否还总是苦于拍摄出的东西效果不好？不敢一边跑一边用手机摄影，否则视频就糊成一团？

如何才能用手机拍出大片？下面就给大家分享几款可以拍出大片的手持云台。

（1）大疆Osmo Mobile 3手持云台

特色：顺滑变焦，轨迹延时，智能跟踪，超强续航。

2019年8月13日，大疆正式推出手持云台Osmo Mobile 3，似乎与上一代没什么区别，但最大的亮点是采取了折叠式设计——设计更合理，售价更便宜，体积更小巧。

其中，续航能力一直是我们关注的重点，而Osmo Mobile 3内置了超大电池，可支持15小时的连续拍摄，让我们不会再因为没电而错失美好瞬间，将拍摄之美展示得淋漓尽致。同时还可以充当移动电源，一边拍摄一边给手机充电。

（2）思锐VK-2口袋稳拍器

特色：自带三脚架，内置三强度补光，放在口袋里的稳定器。

思锐VK-2是号称"放在口袋里的稳定器"，这不是空穴来风。外观清新简单，塑料外壳减轻了产品重量，体积小巧玲珑，自拍杆上的蓝牙控制器可以拿出来远程遥控拍摄，底部可以打开作为简易三脚架实现摆拍，拍摄时闪光灯自动闪光，让拍摄作品正面收光更均衡，稳拍器的前侧设置了3个挡位的补光器。总体来说，操作非常简单。不管是摆拍还是跟拍，效果都十分不错。可以使用三脚架，相比相同价位的稳拍器还多了补光灯。这是"低价区"首选的自拍稳定设备。

（3）飞宇手机云台Vimble 2手机稳定器

特色：全景拍摄，自带延长杆AI智能拍摄，W5超强防抖算法。

飞宇Vimble 2配合大扭矩三轴无刷电动机，使用W5防抖算法，三重稳定确保了画面稳定性直追专业摄像机，让手机也能轻松拍摄出电影大片。此外Vimble 2还自带延长杆，不论是户外自拍或是专业摆拍都可以轻松完成，远距离拍摄再也不用繁杂的专业设备提供支持。同时，增加了更多的拍摄可能和拓展用法，方便使用者进行远距离操作或是远程拍摄。值得一提的是，飞宇Vimble 2 AI智能拍摄技术包含了美颜瘦脸的即时直播设置，让用户在直播时可以呈现自己最好的状态。

（4）SNOPPA ATOM手机云台

特色：24小时超长续航，无线充电支持，360度俯仰拍摄，ATOM稳定技术。

相比以往的产品，SNOPPA ATOM手机云台是"实力代表"，手柄内置了两节2000毫安锂电池，使其具备了24小时的超长续航能力，同时可以一边拍摄一边给手机无线充电，让拍摄不再受到电量限制。而内置的ATOM防抖技术使其用440克的自重得以承载最高310克的拍摄设备，减轻了机身重量的同时又增加了可承载重量，支持滑杆缩放，让拍摄操作更顺畅。

值得一提的是，该设备细节处理十分到位，夹手机的硅胶垫设有槽位，可以防止误触手机侧键。最大限度地解决拍摄时角度延伸问题，同时可以轻松拍摄某些特定的镜头，如拍摄物体从头顶飞掠这样的画面，ATOM都可以完美驾驭。

（5）魔爪Mini-SE手持云台稳定器

特色：260克承重，直播防抖，智能APP支持，可折叠设计。

魔爪Mini-SE产品非常简单好用,魔爪相比其他稳定器有价格低、重量轻等优势。而携带轻便这一特性使得它在折叠后可以装兜收纳,魔爪的防抖功能能带来比较不错的稳定体验。在使用上也很简单,我们只需用手机蓝牙连接后,再把手机固定在云台上,就可以享受魔爪稳定器带来的稳定体验。同时魔爪Mini-SE可以搭载大屏手机,还可以进行延时拍摄。就这点而言,比较适合"学生党"或"直播党"。

(6)智云Smooth 4手持云台稳定器

特色:极速跟踪,手持三轴稳定器,电影级别变焦拍摄,拒绝错过好画面。

智云Smooth 4拥有动态延时、三轴延时、焦点延时等不同拍摄方案,使成片更接近工业电影水平,可以帮用户创造更加精彩的拍摄效果。

除此之外,智云Smooth的强大性能还体现在极速物体追踪拍摄方面,按下跟踪拍摄键,就可以轻松拍摄,记录飞速移动的物体,避免因为操作失误而错失精彩画面。

它带给我们最惊艳的体验,莫过于超高的拍摄稳定度以及电影拍摄功能,真正做到了大片随手拍的拍摄体验。不管是摩登时代的质感或是现代化电影工业拍摄,智云Smooth 4的拍摄展现力都非常强。智云Smooth 4的12小时续航虽已够用,但还是搭载了双向电力输送功能,支持从移动电源充电,同时自身给手机充电的双向电力输出,让拍摄时长更加有保障。

2.3.2 运动相机:GoPro

GoPro相机已被冲浪、滑雪、极限自行车及跳伞等极限运动团体广泛运用，"GoPro"几乎成为"运动专用相机"的代名词。

迄今为止，GoPro已生产了不少优秀的运动相机。对于专业视频制作者和普通消费者来说，GoPro可以算是目前市面上最知名的运动相机品牌。GoPro可以提供好的全方位的体验。运动相机有以下特色。

（1）轻巧便携，适用于多场景拍摄

运动相机可以被固定在各种装备的不同位置或者人身上，这样做可以帮助我们拍摄到最真实的精彩画面。

（2）防震、防水、防冻

防震的运动相机能承受震动和坠落，而防冻的相机能在极寒环境中保持正常工作。防水可以让我们轻松应对水滴和潮湿环境，有些运动相机还支持水下摄影，在潜水或游泳时使用。

（3）视角新奇多变

我们在使用运动相机拍摄时，大多都不是手持拍摄，而是安装在汽车、自行车、飞行器、头盔、冲浪板等各种手持拍摄难以触达的地方。所以运动相机的拍摄视角是新奇多变的，包括"主角视角"和"隐藏视角"等新鲜感、陌生感特别强的视角。这种新视角让很多年轻人着迷，紧跟潮流的新玩法既充满乐趣又让Vlog显得"高大上"。

此时引出了一个问题：GoPro现在有哪些产品在售？若想选择一款合适的运动相机拍摄Vlog，究竟应该买购买哪款？

在过去几年，GoPro的整个产品线经历了明显的更新和精简。GoPro包括廉价版、迷你版，推出了多种不同的版本组合。目前，GoPro已经调整了旗下产品线。例如，旗舰级的Hero 7 Black取代了原来的Hero 6 Black，Hero 7 Silver取代了之前的Hero 5，更高分辨率的GoPro Hero 7 White取代了原来的入门级产品。同时GoPro也提供了易于使用、功能非

常强大的移动端和桌面编辑应用程序。此外，GoPro还提供了大量的配件，从表现出色的手持云台，到能充当三脚架的小型手持支架和防水的外壳等。

那么，哪款GoPro拍摄Vlog更合适呢？

如果你想选择一款机身小巧同时能实现不错的拍摄效果，那么Hero 5 Session是一个非常好的选择（目前已经停产，在此只做简单介绍）。

如果你不考虑价格，那么Hero 7 Black是最简单也是最佳的选择。它具有防水功能，在拍摄过程中具有令人印象深刻的数字稳定效果，整体画面质量也很出色。其强大的功能可以用60FPS的帧率拍摄4K分辨率视频，而1080p分辨率下可以支持240FPS的慢动作视频。

如果你预算不太多，Hero7 White会是不错的选择。但是，它不支持4K分辨率。如果你暂时没有足够的预算来买更贵的产品，或者你只是尝试性拍摄的新人，那么这款入门级的GoPro已经足够了。

简单来说，到底选择哪一款GoPro，主要取决于你的预算和需求，知道自己想要什么，一切问题会迎刃而解。

2.3.3 / 可翻转屏幕：佳能G7XⅡ

佳能公司的定位是以光学为核心的相机与办公设备制造商，始终以创造世界一流产品为目标，积极推动事业向多元化和全球化发展。

有朋友问我，平时没用过佳能，喜欢索尼，选择索尼行不行？

当然没问题。就像有人喜欢iOS系统，所以一直用iPhone，而有人用惯了Android系统，所以他们更习惯用华为、小米等品牌一样。

价格、档次相似的两款产品，通常都同时具备最基础的功能，自然是你更习惯、更喜欢什么就选择什么。随着科技的发展，好产品更是层出不穷，同一个品牌的产品也在不断升级迭代。着实没有办法一一详细说明，所以本书只是列举其一，给大家提供一个参考，具体选择哪一款还要由大家自己决定。

下面简单总结这款屏幕可翻转的佳能G7X Ⅱ的主要功能和特点。

（1）可翻转、光学防抖

佳能G7X Ⅱ同时具有镜像功能和镜像反转功能，并且是3英寸104万像素翻转屏，能实现180度的翻转。翻转角度方面，新增支持下翻转45度的拍摄角度。它配备了一支等效24～100mm的变焦镜头，其中广角端拥有F1.8的大光圈，还搭载了DIGIC 7影像处理器和一块有效2010万像素的1英寸传感器，佳能G7X Ⅱ是第一款使用该处理器的相机。

关键是，这台佳能G7X Ⅱ相机还具备光学防抖，这意味着在使用这台相机拍摄照片或录制视频时，可以不用另外使用防抖设备，从而获得更好的用户体验。

（2）镜头：一机走天下

在镜头方面，佳能G7X Ⅱ能应付由远及近各种题材，是"一机走天下"的镜头规格。它沿用了上一代24～100mm、F1.8～F2.8最大光圈的约4.2倍光学变焦镜头。G7X Ⅱ机身两侧是Wi-Fi及NFC分享的触点位置，看起来比上一代要厚一些，作为便携相机，这是不可缺少的功能。

（3）视频：功能强大、使用顺手

在视频功能方面，佳能G7X Ⅱ在全开像素下可以使用8张每秒的连拍，在运动及高速抓拍都很有用。它还支持全高清视频录制，录制按钮刚好在拇指的握持处，使用更加顺手。

2.4 最有用的其他辅助拍摄器材

2.4.1 自拍神器：蓝牙自拍杆

生活中的你，是不是也像我一样被拍照问题困扰：每次举着手机找拍摄角度，好不容易找好了角度，却发现没有人帮你按下拍摄按键，结果又错过一张美照。拍摄Vlog也是一样，要么角度不好找，要么角度找好了帮手不够。于是，诞生了风靡世界的自拍神器：蓝牙自拍杆。它可以在20～120厘米的长度之间任意伸缩。我们在拍摄Vlog时，只要将手机或者视频DV固定在伸缩杆上，就能轻松实现多角度拍摄。拍摄Vlog不求人，一个人也能操作自如。

"自拍杆"在全球有很多"粉丝"，可以自动匹配、连接手机蓝牙。无论是安卓系统还是iOS系统都能轻松自如地完成匹配操作。

当你打开手机相机和自拍杆的时候，只需轻轻一按自拍杆的开关便可完成拍照，操作十分简便，从此便可独自拍摄Vlog大片。如果你想要抓拍某个神态，只要保持同样的姿势，按下自拍神器，依然能轻松完成。这就最大限度地解放了双手，不用再担心没有人帮助你按快门。

蓝牙自拍杆属于可拆卸装备，主要是由快门和支架两部分组成，它可不只是帮你按住快门这么简单，还可以作为手机支架使用。拍摄角度可以随意调节。

如果是作为支架来使用，它的弧度可以调整成适合的角度，便于拍摄各种照片。

那么，如何选择一款优质的蓝牙自拍杆呢？它的选择指标是什么呢？

（1）系统是否兼容

一些自拍杆能够兼容安卓和iOS两个操作系统，个别自拍杆只能使用一种操作系统。如果希望自拍杆可以适用于更多的3C设备，在选择时就要格外留意这一点。

（2）反应速度是关键

如果摆好了动作，却需要较长的按键反应时间，那就很累人。因此，"拍照反应速度"这一指标很关键。

（3）如何控制拍摄

自拍杆是通过什么工具来控制拍摄的，也决定了操作的体验感。有的自拍杆需要使用"快门遥控器"，在手机端和自拍杆端分别连接蓝牙。虽然可以不按相机或手机上的快门键，但需要按遥控器按键。有些自拍杆不用额外使用遥控器，将控制按键设置在杆子的把手处，通过蓝牙可以自动识别手机系统后，直接按按钮就可以拍摄。

除了以上内容，我们还应掌握以下使用技巧。

就目前的硬件技术而言，自拍杆最大的伸缩范围在120厘米左右，如果希望便于携带，易于放入旅行箱或者背包中，可以选择收纳长度在20厘米左右的自拍杆。值得一提的是，使用自拍杆的时候，我们可能会出现人为"手抖"的情况。杆子越长，就会"抖"得越厉害，再加上很多自拍杆的"防抖"性能还不够出色,造成最后画面有抖动现象。

而自拍杆蓝牙连接的有效范围通常在10米左右,若想拍摄出"广角"的效果,可以选择能够拉伸到130～140厘米的自拍杆。另外,一些自拍杆的设置旋转角度为360度,一些则可以达到720度立体旋转。所以,自拍杆前端的手机夹是否支持大角度旋转也非常重要。

一般来说,自拍杆的净重在88～160克,承重则在500克左右。我们在选择自拍杆时要多留意其锁紧功能,确保电子设备在使用中不会出现晃动、滑落等状况。否则,拍摄效果会大打折扣,甚至会损坏机器。

2.4.2 / 三脚架:八爪鱼支架

八爪鱼支架,顾名思义,造型很像八爪鱼。在拍摄Vlog的辅助器材里,八爪鱼支架是一款适应力和实用性非常强的三脚架,它几乎可以放置在任何你想放的地方,吸附、缠绕在任何物体上。这样的辅助拍摄器材能够帮助你发现更多美好角度!

从结构上来看,八爪鱼支架有三个"脚",其原理是利用三角形的稳定性来支撑相机。我们在手持摄影器材拍摄Vlog时很容易产生晃动,由于拍摄Vlog的时长比普通短视频要长。如果是不熟练的新手,往往需要更多时间来拍摄。这个时候我们就需要一个三脚架"解放"我们的双手,避免拍摄过程中的抖动,提升Vlog的质量。

如此看来,八爪鱼支架和自拍杆的"固定"作用类似。但从本质上来看,八爪鱼支架更能让我们大显身手。不同品牌的八爪鱼支架在长曝光、延时拍摄等方面有其各自的优势。

当然，由于八爪鱼支架的"脚"在固定摄影器材时需要处于张开的状态。在某些特殊的拍摄地点，尤其是空间比较狭窄的拍摄地，也有可能会出现因尺寸问题导致三个"脚"无法完全张开，影响拍摄。这需要我们在拍摄之前做好规划，选择适合拍摄地点的三脚架尺寸，包括其所能承受的摄影器材的最大重量（不同品牌的参数略有差别，请注意甄选，在此不做品牌推荐）。

由于八爪鱼支架腿可以360度随意弯曲，使用时可以将八爪鱼支架缠绕在某处，例如护栏上，再将拍摄设备机身固定在三脚架上，即便是在装载"最重的相机镜头组合"的情况下也不会发生晃动。

由于不同品牌的八爪鱼支架在使用方法上略有差别，但是"固定"的方式和操作并不难。因此，我们不在此解读品牌，而是就八爪鱼支架的实用性这一点，来看看一般的八爪鱼三脚架都适合在哪些角度来辅助拍摄Vlog？

（1）天台仰拍/俯拍

手机固定在八爪鱼支架上，用线吊起八爪鱼支架进行拍摄，这样就能拍出仰拍或者俯拍的视觉效果。当然，除了天台，也适用于任意位置的街拍，通过调整三只"脚"的长短，使后面"脚"稍矮一点，即可形成仰拍视角。

（2）在厨房直播美食制作过程

如果没有八爪鱼支架，在厨房拍摄时你只能将拍摄器材放在菜板附近，在拍摄过程中稍不注意就会有水溅到摄像头上，影响拍摄效果。而且每次看拍摄效果都要低头看，很不方便。有了八爪鱼支架，相机可以被固定在任何角度，从而实现多角度拍摄，不仅可以在厨房拍摄美食制作过程，还可以开美食制作等各类直播。

2.4.3 麦克风：电容麦克风、动圈麦克风

拍摄Vlog视频特别重要的一点就是视频录音。虽然单反都自带录音，但效果往往不是很理想。音质的好坏决定了视频的品质，想要拍摄更加专业的视频，尤其是在喧闹的环境下录出理想的声音，就需要我们购置收音麦克风。麦克风的种类与样式有很多，我们该如何正确选择麦克风类型变得尤为重要。

首先我们需要熟知麦克风的应用场景以及不同种类麦克风的优缺点。

第一种比较常见的麦克风是电容麦克风。电容麦克风也叫电容话筒，简称电容麦，具有极为宽广的频率响应、超高的敏感度和快速反应，不会出现声音滞后或延迟等问题。通俗地说就是电容麦能够提供高品质的混响效果和音质。如今大部分流行的影视收音设备都采用的是电容麦，例如小蜜蜂、大振膜麦克风、指向性麦克风等。但缺点是因为制作精美、结构复杂，价格比较昂贵，振动膜薄而易破，怕潮怕摔。

（1）小蜜蜂

小蜜蜂是由接收端和收音端两部分组成的一种无线麦克风。收音部分可以悬挂在衣领处用来收录声音，接收端连接着摄像机，主要接收收音端发来的声音信号。收音端可以同时录制多人的声音，根据调节敏感度降低噪声达到自己的理想收音效果。小蜜蜂因体积比较小巧，便于隐藏，我们经常会在一些采访视频中看到它。

（2）录音器或录音笔

录音笔的特点是方便携带，同时拥有多种功能，是记者经常使用的录

音设备。录音器与录音笔功能差不多，音质方面也许会比小蜜蜂差一些，但使用方便，不用悬挂到相机上，可以单独录制音频，我们经常会在一些会议和采访中看到。

（3）大振膜麦克风

振膜的大小是指话筒拾音的大小，越大的振膜，拾音就越灵敏。大振膜麦克风是一种敏感度极高的电容麦。大振膜麦克风声音比较圆润、浑厚、饱满，能应对绝大多数的音源。但是对录音环境要求严苛，怕摔怕潮怕风，通常用于棚内录制，并且价格昂贵。当然，也有中小振膜，其中高频清晰度好，灵敏度适中，维护相对简单，对环境适应性强。

（4）指向性麦克风

指向性麦克风是一种收声被控制在一定范围内，具有指向性的电容麦克风。这种麦克风多用于电影和电视剧的拍摄，因为它只收录麦克风所指方向的声音，能有效屏蔽其他方位的杂音，更适用于拍摄现场同期录音。

第二种常见的麦克风是动圈麦克风。利用的是"电磁感应"原理，又称动圈话筒。其构造相对简单，经济实用。它们能承受极高的音压，几乎不受湿度和温度的影响。动圈麦克风是演出常用的麦克风，使用范围非常广，如室外采访、演唱会或者KTV等。

无论是能够指哪录哪的指向性麦克，还是便于携带的小蜜蜂，又或者是简单方便的录音笔和音质超高的大振膜麦克风，相信大家能够做出最正确的选择，选择适合自己的麦克风。

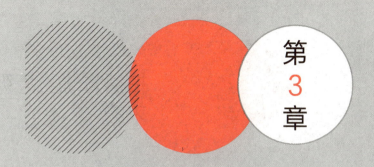

第3章

拍摄技巧：技术过硬就没有拍不成的Vlog

VLOG ●

如果你拍Vlog是为了记录生活、发帖炫耀，入门很重要。

如果你拍Vlog是为了赚钱，精通很重要。

如果你想成为下一个Casey，坚持不懈很重要。

3.1 拍摄方式：高级感是怎么来的

3.1.1 左手"延时"右手"慢镜头"

人人都想拍出高级感的片子。但是真正的高级感并不是在Vlog里加入各种点缀就可以有的，若植入不当还会适得其反。我们可以变换拍摄的形式，用更娴熟的拍摄技巧来让整个画面看起来更加高级。下面就为大家介绍两种最常用的拍摄技巧。

3.1.1.1 延时拍摄

在传统的数码摄影中，延时视频是一种在前期拍摄和后期制作难度上要求都比较高的拍摄手法，尤其是延时视频需要花很长的时间去完成一个镜头的拍摄。若能掌握这一技巧，我们普通人也可以拍摄延时视频，能把Vlog拍出高级感。所有的这些操作，最终可以简化为两个动作：按下快门开始拍摄；再按下快门结束拍摄。然后，强大的智能手机就会自动生成一部专属于你的延时影片。

看着很简单，但是要想拍摄一段高质量的延时视频，还需要很多的技巧和准备。

（1）了解适合使用延时拍摄的范围

延时拍摄主要是以城市人文、大自然风光和动物运动为主，在一段时间内要有较大的场景变化。

许多摄影创作者喜欢用延时拍摄来记录云朵的变化，这也成为一种经典。在生活中，云朵的变化千姿百态却也非常缓慢，不容易拍到变化。延时拍摄很好地解决了这一问题，一个小时的延时拍摄会在几秒钟内呈现云朵的变化，让观众感受到风云变幻的奇妙。以此为据，无论是城市的车水马龙，还是太阳的东升西落都可以用延时拍摄来记录它的美。

（2）锁定对焦和曝光

当你开始实际操作延时拍摄时，新的问题又来了。你会发现画面忽明忽暗来回变化，又或者是看到拍出的画面总是不间断地抽动。是什么原因导致了这两个严重的问题呢？因为我们拍摄的时间跨度比较长，相机会不断根据场景中物体和光线的变化自动测光对焦，这便产生了上述问题。

为了解决这种问题，我们需要长按住画面中的某一个部分，锁定对焦和曝光，这样就不会再出现画面抽动和闪烁等问题。

（3）更高级的移动延时拍摄

随着科技的发展和时代的进步，一些手机的防抖能力已经非常好了，例如华为 P30 Pro、iPhone XS Max 和 iPhone XR。这就给我们提供了一种新型的延时拍摄方法，就是可以手持移动拍延时视频。这听起来是不是很高级？当然，因为只要我们尽可能放慢移动速度，就能够拍摄出大范围移动延时，比传统的延时拍摄更加高级。

（4）拍摄延时视频一定要保持稳定

保持稳定是延时拍摄必须要考虑的因素。相对于拍摄慢动作而言，延时拍摄的时间非常长，它可以放大任何轻微的抖动，所以延时拍摄一定要稳，而拍摄慢动作则不需要考虑稳定因素。

每个人的身体都有承受极限，一般来说手持拍摄一段延时摄影是非常难的，不易实现。这个时候三脚架就显得尤为重要。我们只要用三脚架把手机固定好，这样拍摄出的画面就不会抖动，也解放了摄影者的双手。

3.1.1.2 / 慢镜头拍摄

慢镜头也叫作升格镜头，而升格拍摄就是采用更高的帧率进行拍摄，在后期处理视频时，可以尽可能地拉伸镜头。这样就可以拍出"慢动作"的效果。

慢动作从本质上来说，就是改变现实运动形态的技术，它有一个很诗意的名字——"时间上的特写"。通常一些强调感情的作品里有很多慢动作，因为慢动作可以让观众更清晰地看到动作、物体的细节，在表现韵律感、情绪方面更有魅力。慢动作可以回放一些非常快的瞬间，许多摄影爱好者会用慢动作拍摄很好玩、很炫酷的画面。

在前面章节提到的陈可辛导演用iPhone拍摄的短视频《三分钟》，开头就使用了慢镜头，拍出了"慢动作"的感觉，让片子看起来更有质感。

目前iPhone的主流旗舰画面的1080P的慢动作帧率已经在240FPS，可以让你回放10秒的素材。如果你是用手机拍摄视频，那么要想拍出"慢动作"，至少要把手机调成1080P的分辨率才可以。

另外，以下这些慢动作的技巧也需要掌握。

（1）拍摄慢镜头对光线要求极为苛刻

任何摄影，对光线的要求都极高，我们使用慢动作后，会发现画面的曝光变了。像傍晚这样的环境，光线本身就比较弱，画面中的噪点会特别突出。这就告诉我们，一定要保证拍摄画面中的光线充足。当然我们还要尽量避免人工光源，因为慢动作捕捉的帧率会导致画面出现频繁闪动，这些情况在拍摄的过程中都要引起注意。

（2）慢动作并不适合所有的镜头

慢动作可以让我们用一种有趣的新视角来看待日常事件，但不代表所有的镜头都适合用慢动作。比如谈话的场景，这本身就是动作不快的镜头，再使用慢动作拍摄就会给观众十分拖沓的感觉。慢动作的精髓在于高速镜头的回放，我们要清楚哪些镜头适用于慢动作。

（3）拍摄慢动作并不需要三脚架

有摄影者认为只要是慢动作拍摄就一定离不开三脚架。其实不然。慢动作画面中的抖动不会特别显眼，因此这也是在拍摄中减少抖动的一个方法。比如，在你所拍摄的画面允许你升格的前提下，可以通过升格让画面看起来更稳，这样拍摄的内容会更理想。

3.1.2 / 准确对焦，无限接近专业摄影

对于影片的创作，在对焦上有着更专业的要求。今天，我们手机的传感器面积越来越大，景深也越来越大。景深（DOF）指在摄影机镜头或其他成像器前沿能够取得清晰图像的成像所测定的被摄物体前后距离范围。

我们在拍摄照片时，仅仅需要考虑拍摄瞬间的景深。而在拍摄影片时，景深变化本身是一种非常有效的创作方式。所以，在那些专业的、大型的影视制作过程中，精准的对焦通常是由一位摄影师和一名跟焦员协同

完成的。当然,单纯拍摄一只Vlog影片,不必像制作影视大片那样过于追求完美。

关于对焦,我给大家以下几个建议。

（1）运动镜头

拍摄的人不仅需要控制镜头的移动,还要控制景深的变化,所以运动镜头是最难拍的。这个看似"几乎不可能"完成的事情,我们只有一个解决办法,就是倚靠手机在拍摄过程中的"自动对焦"——目前几乎所有的手机都有这个自动对焦功能。区别在于对焦水平参差不齐。从使用经验看,iPhone可以胜任大部分场景。

另外,如果你想要更加精确地控制运动镜头,并希望自主控制,可以尝试使用一款软件相互配合,如FilMic的遥控软件。遥控是指这款软件允许你使用另一台设备遥控手机的参数。那么我们就可以使用一个设备实现镜头拍摄,再单独使用另一台机器进行遥控拍摄。只要配合得好,是可以拍摄出对焦准确的运动镜头的。

（2）定场镜头

定场镜头是指机位确定。我们可以选择两种完全不同的方式拍摄定场镜头。

一种方式是通过点按画面中的方框选择对焦点。对焦有一个非常实用的对焦工具——峰值对焦,它的使用原理非常简单,只要是画面中出现绿色的纹理,其边缘是清晰锐利的,就证明是对焦精准的地方。

另一种方式是固定焦点。例如,我们拍摄的场景是两个人的对话,这时,调节方法基本上和我们拍摄照片一样。我们可以通过调节对焦滑杆直接进行景深的调节,也可以直接确定焦点在人眼上。

当然,定场镜头不需要控制相机,我们可以通过手动对焦滑杆直接控制景深变化，所以拍摄定场镜头是可以改变对焦点的。如果是拍摄视频开场。我们可以跟随人物的移动改变对焦点，使人物一直保持清晰，让画面从模糊到清晰。但是这个能力需要不断练习摸索才可能熟练掌握。

（3）白平衡

除了上述两点，还有一个参数的控制至关重要，它对于画面的影响非常大。这就是影片拍摄的白平衡。

拍摄Vlog，我们直接可以通过点按画面中的颜色区域调节白平衡。目前，后期调节影片参数的软件非常少，所以影片的白平衡一定要在拍摄时调节恰当。即便有些软件能够调节后期的影片参数，但调节的空间特别低。所以我们能在前期解决的问题不要留到最后。

此外，我们还要特别强调一件事。这也是区别于照片拍摄的另一个重点——拍摄影片的连续性。我们拍摄的Vlog影片很多都发生在同一个空间，是几个镜头连在一起的。

如果我们的镜头色温飘忽不定，画面忽明忽暗，很难有高级的感觉，甚至会给用户带来场景频繁发生转换的错觉，就好比我们在追一部电视剧时，由于剧情的不连贯，经常感觉"跳戏"。为了避免Vlog也出现这种情况，我们需要让同一场景的色温、曝光参数尽可能保持一致。

3.1.3 / 街拍也可以很专业

平时在街上漫步，你有街拍的习惯吗？街拍有什么小技巧？

手机作为现代人随身携带的通信工具，同时也成为最便携的摄影工具。超高的镜头像素、逆光拍摄和全景拍摄等强大的功能，为我们随时随地拍摄Vlog提供了方便。

街拍讲究的是一种对周围环境的捕捉能力。发现身边有好的场景就要及时拍。当你有了对身边事物的敏锐度，你会更容易发现身边不起眼的但能拍出大片的亮点。街拍的技巧有很多，下面讲一下其中的几个重要技巧。

（1）街拍背景的选择

首先要说的是街拍背景的选择。街拍和日常生活中的拍照还是有区别的，我们需要拍出大片的感觉。街拍中人物的穿搭固然很重要，但背景的选择能起到至关重要的作用。街拍其实随意又唯美，一个好的、适合的背景，会让Vlog上的人物形象和背景充分融合，让作品更加美不胜收。

（2）街拍地点的选择

街拍一定要选择一个合适的地点，当然这要根据你拍摄的内容来定。并不是说人群熙攘的街道不好，也不是说宁静的古镇就好，适合拍摄内容的地点是最为重要的。可以选择在海边拍摄远离束缚的主题，又或者在古老的墙壁旁古巷里感受不一样的街拍风。

（3）街拍光线的选择（设置好参数）

街拍不可能在摄影棚里，所以光线是很大的挑战。喜欢街拍的朋友更倾向于清晨和黄昏的光线，光线柔和还有一种不一样的质感。夜间的街灯也是不少街拍爱好者的选择。光线选择好，就可以集中注意力整理街拍思路，观察周边事物，抓住画面的细节特点，拍摄出理想的街拍。

（4）人物的服装搭配

服装搭配也很重要，一套适合的衣服会让街拍达到更完美的效果，所以，街拍的前提是要有适合的服装、精致的妆容以及合适的发型。当然这些要跟街拍的背景相呼应,这样才能拍出自然、舒适的Vlog。

街拍技巧还有更多,例如天气、环境、拍照时的心情等,这里就不一一举例了。希望喜欢街拍的你能拍出一部自己喜欢的Vlog大片。

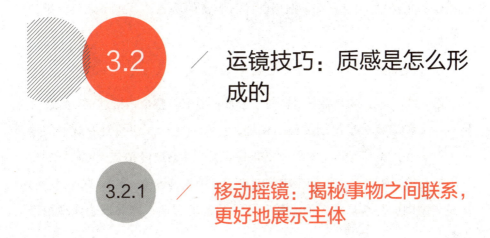

3.2 运镜技巧:质感是怎么形成的

3.2.1 移动摇镜:揭秘事物之间联系,更好地展示主体

运镜即运动镜头,是一种能够让Vlog看起来比较有质感的拍摄方法。所谓质感,我们可以理解为画面的细节和层次给人带来的感觉,而这种拍摄画面的移动能够让视频看起来更有吸引力。

运镜可以分为三种:移动摇镜、一镜到底、镜头跟随。本节要攻克的重点问题是移动摇镜。

移动摇镜是指通过横向、竖向移动镜头,前后拉推或甩的动作来展示主题周围的环境、细节或状态。

移动摇镜是我们在Vlog中较常见的一种镜头,它让Vlog视野更开阔,不仅能揭秘事物之间的运动方向和轨迹,还能体现出不同事物之间的联系。

移动摇镜可以引导观众的注意力从一个场景转移到另一个场景，并能传递给观众两个场景的关系。三脚架最适合移动摇镜拍摄，这样摄像机位不动，可以通过人的身体移动或者是三脚架的活动地盘来拍摄。移动摇镜既能够横向、纵向移动镜头，又能以不同的角度倾斜摇动。如何制作活灵活现的拍摄镜头，让Vlog拍摄画面有丰富的质感，是接下来要介绍的内容。

（1）移动摇镜过程是Vlog的完美体现

稳、准、匀是移动摇镜拍摄的三个基本要求。整个拍摄过程一定要井然有序，移动镜头是运动过程的体现。摇镜头的速度快慢没有统一的标准，但移动太快有可能出现影像模糊的情况，移动过慢又会导致拍摄的短片沉闷无趣，所以要根据拍摄内容使用适宜的拍摄速度。摇镜头所关注的不是一副画面是否均衡，而是整个摇动过程的和谐，能够准确体现拍摄内容。

（2）移动摇镜拍摄意图要明确

每一帧移动摇镜头的拍摄都要有明确的意图，镜头中给观众看到的事物一定是有关联的：或承上启下，或依次递进等，要有明确的传递内容。不能说上一组镜头中拍摄的内容给观众极高的期待值，下一组镜头中却没给出很好的解释与衔接，观众会十分困惑，也会产生不舒服的心理。所以一定要重视上下镜头内容的关联，要清晰、明确地体现关联，这样才能称之为一组成功的移动摇镜。

（3）移动摇镜要和画面相互呼应

在Vlog拍摄中使用移动摇镜就必须做到摇镜和画面的相互呼应。镜头的视觉变化、移动快慢速度都要和画面的运动和所表达的情绪相呼应。

如果呼应有问题，可能出现时而快时而慢的情况，物体在画里中位置的变化快慢不同给观众的视觉感受就不一样。所以在移动镜头拍摄的过程中不仅要注意事物时间、空间的联系，也要注意摇速与物体位移的相对应关系。

移动镜头能够更好地表现作品中人与人、人与物的时间与空间内的联系。移动镜头按移动速度可分为快摇镜头和缓摇镜头。

① 快摇（又叫闪摇）镜头。快摇即闪摇，从字面理解就知道是镜头的移动速度很快，因为移动快速，所以闪摇中拍下的影像比较模糊，我们往往只能看到起幅与落幅，这种视觉冲击会带来意想不到的视觉效果，表达的内容与情绪更为强烈。当然不是所有镜头都适用闪摇，一定要根据作品本身的节奏选择正确的移动速度。

② 缓摇镜头。缓摇是指比较缓慢地移动摇镜镜头。缓摇可以将现实中两个相距较近的事物表现得较远，对于不易识别或者容易造成视觉错误的物体，以及线条层次丰富、复杂的景物，我们拍摄时要适当缓慢些。缓摇更多地用于描绘大场面的场景，在拍摄小空间环境中的物品时，在一定情况下，缓摇镜头具有强烈的感情色彩，能够引起人们共鸣。

移动镜头按摇摄的方向分为横摇、垂直摇摄。

① 横摇。横摇镜头就是摄影机在定点上，对一个场面做水平运动的方式拍摄。这好比在生活原地跟踪观看人的动作，模仿人的主观视线。横摇对一部作品中数量感和情绪的积累都有至关重要的作用。

② 垂直摇摄。如果拍摄高耸的被摄体，如摩天大楼、电子发射塔等纵向线条景物，则用垂直摇摄，能够完整并且连续地展现所要拍摄内容的全貌，更好地形成壮观宏伟的气势。垂直摇摄表现出的高度和深度，同展现出来的广度与宽度相结合，更好地突出作品所要表达的意境。

移动摇镜的拍摄会让画面更有美感，更有期待性。成功的移动摇镜拍摄很容易勾起人们对Vlog的观看兴趣。所以，我们在拍摄Vlog时一定要掌握好移动摇镜技术，才能在拍摄过程中应对有方，从容不迫。

3.2.2　一镜到底：搭配停顿慢镜头，增强节奏感

刚开始拍Vlog的同学应该都有这种体验，不知道拍什么，抓住摄像机就拍个"一镜到底"，得到的画面通常又晃又缺乏变化，很多片段没法用。慢慢地有了脚本思维，学会了分段拍摄，就开始思考如何运镜了。

好的镜头运动能够大大提升一个Vlog的气质，下面我们就来聊聊什么才是真正的"一镜到底"。

一镜到底，是一种被专业人士认可的拍摄手法，是指在拍摄中没有间断，运用一定技巧将作品一次性拍摄完成。这种方法多用于拍摄Vlog和纪录片，在国际上有很大影响力。一镜到底的实现有两种方式，一为前期的表演，二为后期拍摄的"真本事"或后期修饰。

我们观看的影片中"一镜到底"有真有伪，所谓真即不用剪辑，完全打破了蒙太奇的常规，没有任何切换，一个镜头从开始到结束，完整记录了整个事情的发展过程，给观众的感觉是表达情绪更加饱满、节奏感强。但很多"一镜到底"其实是长镜头和蒙太奇的结合，形成一种天衣无缝的观赏效果。简单地说，就是多个长镜头再加后期的剪辑与特效，这是伪"一镜到底"。

"一镜到底"是电影拍摄过程中常用的一种手法。要说最著名的"一

镜到底"影片，要数摘得第87届奥斯卡金像奖最佳影片的《鸟人》。影片中，观众跟随主角自如地穿梭于室内室外、过去与现在，带入感特别强。让观众能够感同身受地跟随主角的情绪进入他的世界。这样一部别具匠心的作品把"一镜到底"的形式感与电影内容的深意巧妙结合。

那么，就拍摄一支Vlog而言，我们如何才能利用一镜到底的手法拍摄出大片的质感呢？举个简单的例子，左下图为"一镜到底"的技巧展示，右下图为"一镜到底"的成果展示（原图出处为安徽卫视《每日新闻报》）：将手机贴近一束比较茂盛的花或者较高的草，镜头朝着天空的方向，缓慢地向上平移拍摄。最后搭配舒缓的音乐，这个作品给人的感觉就像拨开了层层迷雾，终于见到了阳光，这种意境很美。

一镜到底这种拍摄技巧已经存在多年，许多创作者都喜欢采用这种表现方式，一方面能够增加画面内容，烘托剧情；另一方面又能向观众展现自己的拍摄实力。可以说每个创作者心中都藏着一个一镜到底，这是美学的延伸与扩展。一镜到底的拍摄不容易，对技术要求相当高。镜头的起落都要有精准的设计和控制，这样可以很好地掩盖剪辑的痕迹。它不仅需要摄影、美工、灯光等之间的精妙配合，也需要如滑动轨道等辅助器械。

根据创作人想法的不同，一镜到底的拍摄办法还有很多，如尚格云顿技术。我们总结如下几个拍摄一镜到底的经验。

（1）拍摄前大量排练

首先需要的是统一想法，主创人员一定要共同确定拍摄风格，然后所有工作人员都朝着一个方向去努力。如果想法不能统一，作品的呈现效果肯定不尽人意。当然统一方向后还要有大量的排练，不管以哪种方式拍摄，大量的排练都是拍摄成功的基础。

（2）提前想好方案

拍摄之前一定要做好各种预案。要把所有方案都想清楚，每个步骤如何调配，多个部门统一配合，把拍摄方案和调度进行有效分解，消除拍摄时的紧张气氛。拍摄中一定要做好长镜头的调度，这是一个非常复杂的工作。

（3）镜头少，不代表内容少

为了避免观众观看长镜头有枯燥的感觉，要适当改变长镜头的运动方式，景物随着镜头产生变化，观众就会从镜头中吸收更多的内容。这样做比在长镜头中展现过多的信息所产生的效果要好得多。

内容的多变随之而来的就是拍摄节奏的变化，这些都需要创作者深刻地探讨和充分地考虑，如何把握好拍摄节奏。

（4）懂得利用新科技与解放自己

新科技的发展赋予拍摄镜头更多的灵动性，在几分钟的时间里，你会被眼花缭乱的二维码、大量的条纹、二维与三维的视觉差搞得天旋地转，并期待了解这背后的精密拍摄方法。话说回来，能把Vlog拍得炫酷、丰富、吸引人，以至于观众忽略了你到底在说什么，这也是一种本事。

虽说是一镜到底，但就算技术再精湛往往也需要拍摄很多次，选出每一个情景拍得最好的一次，剪辑在一起，使整支Vlog看起来非常流畅，一气呵成。

3.2.3 镜头跟随：跟拍移动主角或者跟着主角旋转

每个场景都有主角，镜头跟随就是让摄像机的镜头对准主角，并跟着主角移动。可以想象一下明星走红毯的场景，摄像师的镜头需要时刻随着明星的移动同步移动。

目前，主要有两种镜头移动的方式。第一种叫中心移动，就是以主角为中心，镜头随主角的移动同步移动；第二种叫边界移动，拍摄时我们要给镜头设置一个边界范围，当主角的位置超出这个范围时，摄像机就需要进行调整。

跟随运镜是指摄影师锁定主角后，在其前方、后方或侧面移动拍摄。其要点是保持等距拍摄，移动速度与主角的移动速度相当，随主角同步移动或随主角旋转。这类镜头比较有带入感，观众像是一个"目击证人"。

横向跟随模式是比较普遍的拍摄方法，镜头随着主角移动方向进行左右移动。根据不同的焦距搭配使用广角镜头或长焦镜头，可以制造出一种别样的视觉效果。不过，以下几点需要特别注意。

（1）速度得当

速度得当在跟随拍摄主角移动时尤为重要。通常，快门速度在1/125秒以上时，背景清晰，但没有"动"的效果；而快门在1/30秒以下时，拍摄画面有动感的效果，但相机易抖动，进而造成画面模糊，视觉效果不佳。所以移动跟随拍摄的快门速度应保持在1/125秒至1/30秒范围内。被拍摄主角的移动速度要足够快，这样拍摄出的动感效果较好。

（2）横向运动

拍摄主角在镜头前横向移动，可使镜头摇摆幅度达到最大，追随过程达到最长，可获得较好的移动拍摄效果。主角穿行于背景与前景中，产生强烈的动感。背景的选择宜采用色彩纷呈或是明暗掺杂的非单一色调背景，这样画面中会出现丰富的线状模糊。

此外，主角的色调宜与背景有鲜明的对比，这样有利于突出主角。拍摄时最好选择侧光或侧逆光，可使动体轮廓清晰，层次分明。

（3）注意站稳

移动跟随拍摄过程中，可用半蹲式姿势站稳。在转动相机时，屏住呼吸，匀速转动。由于身体的摆动稳定性比手腕摆动的高，在使用三脚架时，用身体的摆动来带动摇把，而手持相机时要通过腰部转动实现摇的过程。按动快门是在移动跟随的过程中完成的，整个过程一气呵成。不要养成停下来再按快门的习惯，这样就不是移动跟随拍摄了。

移动跟随拍摄法是众多拍摄运动物体方法中使用最广泛的一种，同时也是具有一定难度的方法。由于相机需要随着运动物体向背景的反向移动，照片上会呈现出很多流动的线条，带来一种强烈的视感。拍摄的要点主要有以下几条内容。

① 相机的移动速度与运动物体的移动速度时刻保持步调一致。

② 相机的移动保持在一条水平线上，切忌前后左右晃动。

③ 采用侧逆光和深暗一些的背景，突出运动物体轮廓。

④ 远距离拍摄时，善于利用望远变焦镜头，将相机固定在三脚架上，在长时间曝光过程中以慢速度进行变焦拍摄。

⑤ 拍摄时，选择安全的地点拍摄，以免撞伤。

3.3　转场技巧：层次感是怎么制造的

电视剧、电影、宣传片、片头等视频作品经常需要进行场景转换，为了使转换的视觉性、艺术性、条理性、逻辑性等方面表现更好，在场景与场景之间的转换中，需要一定的技巧来制造场景的"层次感"。

转场的方法多种多样，但通常可以分为两大类：用特技手段的技巧性转场；用镜头自然过渡的"无技巧"转场。

3.3.1 / 利用特技手段的技巧性转场

用特技手段作转场强调的是心理的隔断性，这种方式属于技巧性转场。技巧性转场一般用于电视情节段落之间的转换，目的是使观众有较明确的段落区隔的感觉。由于非线性编辑系统、电子特技机的发展，使用镜头的自然过渡作转场的手法有数百种。无论是哪一种转场方法，就Vlog的层次感而言，不外乎以下几种常用的方法。

（1）叠化

叠化是指前一个镜头的画面与后一个镜头的画面相叠加，前一个镜头的画面逐渐隐去，后一个镜头的画面逐渐显现的过程。这种手法常常用在电视剧的编辑中，叠化主要有以下几种功能。

① 用于空间的转换，表示空间已发生变化。

② 用于时间的转换，表示时间的消逝。

③ 表现景物琳琅满目、变幻莫测、目不暇接。

④ 用叠化表现想象、梦境、回忆等插叙、回叙场合。

（2）扫换

扫换也叫作"划像"，具体又可以分为划入与划出。一般用于两个内容意义差别较大的段落转换。下一个画面从某一方向进入荧屏称为划入；前一画面从某一方向退出荧屏称为划出。划入与划出的形式多种多样，根据画面进、出荧屏的方向不同，可分为竖划、横划、对角线划等。

（3）淡出与淡入

淡入是指下一段落第一个镜头的画面逐渐显现直至正常的亮度，淡出是指上一段落最后一个镜头的画面逐渐隐去。有些影片中淡入与淡出之间会有一段"黑场"，适用于自然段落的转换，给人一种间歇感。淡入与淡出画面的长度一般各为2秒，但实际编辑时，应根据具体的拍摄情节、节奏的需求来决定。

（4）运用空镜头

在影视作品中我们经常可以看到运用空镜头转场的方式，尤其是早期的电影中。举个简单的例子，当某一位英雄人物壮烈牺牲之后，经常接转高山大海、苍松翠柏等空镜头。这样的空镜头画面转场可以增加作品的艺术感染力。观众在看到这些自然画面时，情绪发展到高潮之后能够回味作品的意境和情节。

（5）停帧

前一段落结尾画面的最后一帧作停帧处理，使人产生视觉上的瞬间停顿，接着出现下一个画面，这种手法比较适合于拍摄不同主题段落间的转换。

（6）翻页

翻页，指第一个画面像翻书一样翻过去，第二个画面随之显露出来。由于三维特技效果的发展，翻页已不再是某一单纯的模式。

除了以上这6种常见的转场方法，还有焦点虚实变化、正负像互换等其他方式。镜头的转换推动着画面的快慢更迭；动作、速度、角度、不同场景搭建故事的轮廓；不同风格的配乐则表现不同的情绪；完美的转场才能将这些巧妙串联。掌握了这些基本技巧，我们就可以用镜头尽情诉说故事！

3.3.2 / 利用镜头自然过渡的"无技巧"转场

用镜头的自然过渡来连接上下两段内容,这种方式叫作"无技巧"转场,它强调的是视觉上的连续性。

并不是任何镜头之间的切换都可以运用"无技巧"转场的方法,"无技巧"更不是意味着"不需要技巧",而是要注意寻找合理的转换因素和适当的造型因素。"无技巧"转场的方法主要有以下几种。

(1) 遮挡镜头转场

遮挡镜头转场是指在上一个镜头接近结束时,被拍摄主体慢慢拉近以至于遮住摄像机的镜头,而下一个画面主体又慢慢从摄像机镜头前面移开,从而实现场景的转换。上下两个相接镜头的主体可以不同,也可以相同。

这种转场方法不仅可以造成视觉上的悬念,还能从视觉上带给观众较强的冲击力,使主体本身得到强调和突出,同时也能使画面的节奏感更加紧凑。

(2) 特写转场

特写转场,指不论上一个镜头拍摄的是什么,下一个镜头都由特写开始。

即使上下两个镜头的内容不相称,但通过特写镜头可以集中人的注意力,就算突然转换场景镜头,观众也不会感觉到太大的视觉跳跃。

(3) 相同主体转换

相同主体的转换包含以下三层意思。

① 利用上下镜头中的主体在外形上的相似，顺利实现转场。

② 上下两个镜头之间的主体并不是同一个，而是同一类物体。例如，上一个镜头主体是一只公文包，而下一个镜头的主体是一只书包，那么，这两个镜头相接时，可以同时实现时空的转换，也可以单一实现时间或者是空间的转换。

③ 通过主体的运动、出画、入画，或者是摄像机跟随主体移动，上下两个相接镜头中的主体，从一个场合进入另一个场合，从而实现空间的转换。

（4）主观镜头转场

借用剧中人物的视觉方向所拍的镜头就是主观镜头，而主观镜头转场就是上一个画面是导演（拍摄Vlog的人）的视角，下一个镜头接转剧中人物的视角，这样用前后两个镜头来处理转场的手法，既显得自然，同时也可以引起观众的探究心理。

（5）动势转场

动势转场（动势就是动作的趋势），是指利用人物、交通工具等的动势的可衔接性及动作的相似性完成时空转换的一种方法。

（6）承接式转场

按一定逻辑关系进行的转场就是承接式转场，它是利用两个镜头在内容上的某些一致性，利用悬念和影视节目两段之间在情节上的承接关系，达到顺利转场的目的。

除了上述6种较为常用的"无技巧"转场方式，还有运动镜头转场、两极镜头转场、声音转场、隐喻式转场等形式，不管是哪一种，都要选择适合Vlog场景的转场方式，才能真正传达出Vlog场景的层次感。

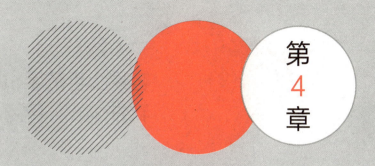

第4章

后期剪辑：
快速成为专业剪辑手，
和通宵说再见

VLOG

想拍一支Vlog容易，想毁掉一支Vlog更容易。

刚入门就放弃？不存在的！

那么，如何才能"剪"出大片既视感？

4.1 容易上手的手机APP剪辑软件

4.1.1 VUE Vlog：最受欢迎的社区化编辑工具

VUE Vlog在iOS和Android两个平台都有，是一款Vlog社区与编辑工具。

VUE Vlog

随着手机拍摄硬件和软件技术的不断进步，越来越多的用户开始用手机代替相机来拍照和摄像。其中，视频传播的信息量又远大于照片，因此，摄像通常要比拍照的门槛高。在这样的背景下，VUE Vlog诞生了。它的出现使用户像拍照一样用简单的操作在手机上拍摄精美的短视频。

VUE Vlog可以做简单的视频剪辑，自带Vlog模板，有丰富的滤镜，易于上手，用户通过简单的操作实现Vlog的拍摄、剪辑、细调和发布，记录与分享生活等特点决定了它非常适合拍摄日常文艺类的小视频。

下表可以帮助你迅速了解VUE Vlog的众多功能。

VUE Vlog 的主要功能总结

功能特性	详细描述
实时滤镜	将手机切换至前置摄像头会出现自然的自拍美颜功能；有由电影调色专家调制的 12 款滤镜可供选择
贴纸	支持 40 款手绘贴纸，同时还支持编辑贴纸的出现时间
分镜头	通过改变视频的分镜数实现简易的剪辑效果，而通过这种方法能够让视频传达 Vlog 更多的信息内容
自由画幅设置	支持 1∶1、16∶9、2.39∶1 三种画幅的视频拍摄
分享	支持直接分享至社交网络
其他功能	以日期、地点、天气为主，共有 7 款字体、10 款贴纸可选择。还有内设音乐，支持用其他音乐 APP 导入。另外还有倒放、调速功能
互动	可以在社区直接浏览其他用户发布的 Vlog，与 Vloggers 互动，同时支持点赞和评论

在众多视频剪辑软件中，VUE Vlog或许不是最有特色或者功能最丰富的一个，但它却是最早开始往"社区化"倾斜的一款视频剪辑软件。放眼整个行业，从2018年下半年开始，欧阳娜娜与今日头条合作《nabi的日常》，李易峰等流量明星纷纷开始拍Vlog。这个好用的视频剪辑软件，帮助我们在拍摄Vlog时追求更精美的画面。只有确保增加Vlog的故事性和个人感受，才能最大限度地吸引用户。

4.1.2 一闪：拍出电影高级质感

一闪是一款操作简单、功能丰富、专业的视频图片拍摄编辑美化APP，可以迅速、轻松地拍出想要的照片和Vlog。

一闪

一闪有19种滤镜选择，支持视频、照片、GIF。其独特的胶片滤镜功能可以让我们拍出电影般的高级质感！不仅如此，它还有防抖、定格动画、延时摄影等功能，同时可以自主调节参数、加字变GIF表情等（见下表）。

一闪的主要功能总结

功能特性	详细描述
精选字体	一闪精选了十多款中英文字体，并采购了完整使用权。无论是标题还是封面，用户都可以无限次使用
Vlog剪辑	从批量导入到精细切割，用户可以在手机上高效地编辑大段视频

续表

功能特性	详细描述
独家曲库	一闪 APP 签下了全球知名的十位 Vlog 音乐制作人。在这里，用户可以随意使用他们的音乐节拍作为背景音乐
胶片滤镜	一闪以对胶片的精确模拟著称。在 APP 不断更新迭代后，一闪又推出数款精确还原电影胶片的全新滤镜
发现全世界	在 APP 的"发现"页面，用户可以看到一闪精选的 Vlog 以及其他来自全球的精彩作品

除了以上基础功能，一闪APP还有以下几点值得我们在拍摄Vlog时加以利用的特色。

(1) 胶片滤镜

目前，一闪已提供超过70款风格各异的滤镜，并在不断推陈出新。一闪不但能实时渲染GIF动图，还可以作用于照片。在滤镜商店中，真实胶片系列滤镜可供用户下载使用。

根据官方介绍，一闪依靠光谱数据，对包括富士、柯达、依尔福、爱克发等20多家胶片制造商（包括仍然在售和已经停产的型号）的经典款胶片的色彩进行了数字建模，在手机上通过重新设计的渲染引擎，高度还原这些胶片对各种光线的化学反应和真实的胶片质感。

(2) 效果微调

一闪使用高分辨率的扫描设备，分离出了35毫米胶片中的颗粒、暗角和漏光素材。用户可以通过在照片上添加这些效果，还原胶卷的每一个细节。

一闪准备了5种效果组合，包括胶片、Lomo、拍立得、杂志、电影。只需一秒钟，用户就能看到宛若新生的照片和动图。另外，无论是照片还是动图，用户都可以使用一闪提供的19种编辑功能进行微调，其中包括色温、褪色、天空增强、美颜、曝光、对比、镜像、剪裁等。

（3）动图创作

一闪APP里的相机功能支持定格动画（Stop-motion）、正常、快动作、延时摄影（Time-lapse）等多种速度模式。

使用一闪，用户可以拍摄最长3秒的动图。只要将相机对准某个会动的物体（比如一个人、一枚落叶、一只狗、一条街道），接着按下快门，一闪将自动拼合成循环播放的动图，最多可连拍30张高分辨率照片。此外，一闪还提供了来自电影工业的防抖（Stabilization）科技，即使没有三脚架，动图也能非常稳定。

（4）一部好相机

在一闪的相机界面，用户不仅可以实时预览滤镜的最终效果，并尝试不同的色彩风格，还可以轻松调整曝光、对焦、画幅等参数。用户在按下快门之后仍然可以改变想法，切换至其他滤镜并进行微调。一闪的相机还会为用户建立最全面的EXIF（可交换图像文件格式）信息，保存完整尺寸的原始图片，确保镜头记录下的信息万无一失。

（5）与世界高效连接

一闪为了帮助用户全面还原每一个精彩瞬间，会自动记录拍照时的城市信息、天气和温度。用户可以和超过200个国家的用户分享自己的精彩记忆。在一闪APP页面发布照片和动图的同时，用户可以将内容自动同步到微博、微信等社交媒体。

这些技术皆得益于全新的人工智能系统，一闪甚至还能自动识别用户作品中的内容，为用户添加天空、美食、户外、海滩、猫、狗、自拍等各式各样的标签。这不但可以帮用户检索图片，还可以借此找到全世界有同样兴趣的伙伴，为用户搭建一个可以高效连接全世界的平台。

4.1.3 / 猫饼：把复杂的内容变得简单

猫饼

我们在拍摄视频素材的时候，总是避免不了拍下不太有用的画面，而猫饼的作用就是让视频变得更加精简有趣。可以基于音乐节奏做踩点剪辑，还可以做成鬼畜特效视频，唯一的缺点是画质有可能会受影响。

由于猫饼APP的主要功能与前面两个剪辑软件差别不大，因此，本节着重讲述用猫饼剪辑视频的方法。

（1）导入素材

如果想对视频进行剪辑，使用猫饼编辑视频时，得先在软件的页面底端选择"+"按钮，从手机导入一个或多个视频素材（下页左图）。

（2）"跳剪模式"

在剪辑视频的时候，除了正常的拖动进度条选择剪辑时长外，还可以使用"跳剪模式"对素材进行编辑（下页右图）。

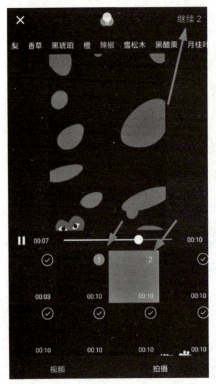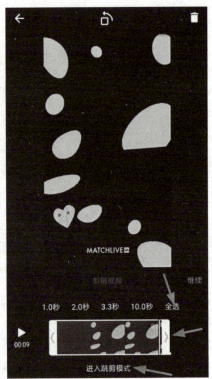

(3)"剪一段"

进入跳剪模式之后,可以点击左下角的"剪一段"功能,就可以单独截取某段视频,对其进行拼接、合成等操作(下页左图)。

(4)清理没用的内容

最后,在使用进度条框选中需要剪辑的片段后,我们可以通过"删除"选项清理掉这段内容(下页右图),这样就可以使作品更加精简!

第4章 后期剪辑：快速成为专业剪辑手，和通宵说再见

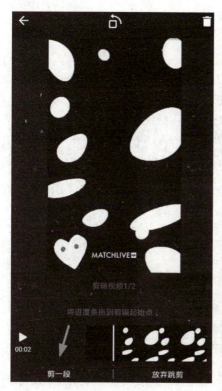
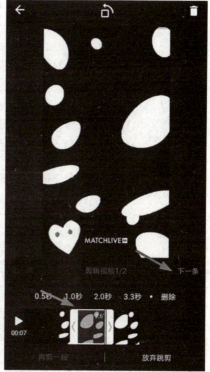

4.1.4 / 巧影：安卓系统中的剪辑好手

巧影是安卓系统里面好用、容易上手、专业强大的视频编辑器。它具有以下功能特性。

巧影

巧影的主要功能总结

功能特性	详细描述
基本功能	多层视频、图像、贴纸、特效、文本和手写字体；可以倒放视频，获得翻转独特视野；速度控制可制作快速时间流逝和慢动作效果；各种高级滤镜让你的视频更有质感；操作系统要求安卓 5.0 及以上；可以修剪、拼接和裁剪你的视频，关键帧动画工具，可以添加运动到图层
素材商店	提供数千种字体、贴纸、音乐、模板、转场，以及更多增强视频的功能素材；音频剪辑可精确到每一帧
即时预览	可一边编辑一边预览视频效果，不必等着看最后的视频
多轨音频	巧影可同时播放 8 条或更多音轨，实现录音室混音的效果
多个图层	巧影支持无限的文本、图像、手写和覆盖层，以及在支持的设备上多达 10 个视频层。图层可以使用预设的动画效果或关键帧动画；图层位置和时间可以很容易调整
速度控制	可通过调整视频速度从 0.25 倍到 16 倍没有音高失真，实现慢速和延时效果
混合模式	用混合工具来创建自己的自定义颜色过滤器；删除黑色或白色背景，创建双曝光，把视频转换成艺术品
色度键	视频图层支持色度键合成，全绿色屏幕支持
录音	允许用户在预览项目的同时录制音频，使得在任何视频中添加配音变得非常容易
音频功能	用户可从视频中提取和编辑音频轨道。包括控制立体声通道、调整音量或打开自动音量
其他功能	巧影还提供了更多的功能，例如帧速率输出控制、音频和文件格式的支持、语音转换过滤器、比特率和分辨率控制以及对多种视频

4.1.5 / InShot视频编辑：免费且专业，适用性广

InShot最大的特色是视频合并功能，全面又不会损坏视频清晰度。它可以通过剪辑、剪切、拆分、合并和压缩视频，将多个视频片段剪辑合并为一个视频。

总之，这是一款免费又专业的视频制作工具，适合于编辑制作朋友圈、抖音、快手、YouTube、Instagram视频。它具备以下主要功能。

InShot 视频编辑

InShot 的主要功能总结

功能特性	详细描述
基本功能	剪辑和剪切视频到任意长度
	将视频拆分为两部分或者多个部分
	支持导出高清视频，简单易用的免费视频编辑器
多种比例	支持多种视频比例，包括朋友圈、抖音、快手、YouTube、Instagram等视频比例
	正方形视频、视频套框
	添加多样边框，背景颜色和模糊背景
滤镜特效	添加电影感的滤镜和 Glitch 等特效
	调节视频的亮度、对比度、饱和度等；自定义视频滤镜和特效
添加音乐	添加 InShot 精选免费音乐，Vlog 音乐或使用自定义音乐
	调节音乐音量，设置音乐淡入/淡出效果

续表

功能特性	详细描述
调节速度	调节视频速度，快动作、慢动作视频制作和视频剪辑
	快动作视频，发现更多乐趣
	慢动作视频，记录特别时刻
文字贴纸	给视频添加文字，多种字体自由选择
	添加潮流动态贴纸和表情，每周持续更新贴纸库
视频裁剪	将视频裁剪为任意比例
	裁剪掉视频水印或任何不需要的部分
	放大/缩小视频
旋转功能	90度旋转视频
	上下或左右翻转视频
	将视频转换为MP4格式
	幻灯片制作和更多视频编辑功能，敬请期待
拼图编辑	多种多样的拼图布局
	独特的滤镜和彩色背景，模糊背景
	支持多种比例；超可爱边框
一键分享	自定义视频导出分辨率，高清视频编辑器（1080P或4K）
	压缩视频的同时不损坏视频质量
	分享到朋友圈、抖音、快手、YouTube、Instagram等社交应用

4.1.6 Videoleap：综合性能强大的突破性视频编辑器

Videoleap

Videoleap是一款功能强大的视频剪辑处理软件，无论我们仅仅想与朋友分享美妙的回忆与瞬间，还是制作充满艺术性的好莱坞级大片，这款突破性视频编辑器都能帮大家实现。该软件的宗旨是"能在手机上搞定的事情，我们为什么要开电脑"。

Videoleap的基本功能都可以免费使用，其中如无限图层和素材库这些高级功能需要付费订阅或者一次性买断。对于普通用户来说，使用免费功能就已经足够实现对Vlog素材的剪辑了。

下面通过步骤解析的方式来感受Videoleap的主要特色。

（1）新建项目

Videoleap的界面和大部分的剪辑软件类似，我们可以点击项目列表，编辑已经创建的项目，或者直接在主页上新建项目。

另外，在项目列表里，我们可以通过点击每个项目右下角的角标，来对项目进行复制、重命名、删除等操作。

（2）添加素材

新建项目后，既可以从手机内添加素材，也可以选择Videoleap内置的在线素材库的素材。如果从手机内添加素材，可以在主页面点击"+"添加素材，系统会自动显示手机内的相册，可以一次性选择多张照片或者视频一起添加进项目。通过右上角的设置按钮，还可以设置每张照片的持续时间，一般设置为0.5～15秒比较合适。视频间的转场过渡和照片顺序既可以选择随机，也可以在编辑页面时插入转场效果。

（3）调整长度

接下来我们对视频的长度进行调整。当选中任意层的时候，底部菜单栏也会根据选中层的属性，显示不同的工具栏。

在开始剪切分割视频前，我们先通过在界面上向外或者向内滑动对视频进行时间轴的缩放，从而精确地控制我们需要的时间轴精度，便于对视频进行操作。

如果我们需要对视频片尾进行调整，也可以用相同的操作。如果我们需要对视频中段进行裁剪，就需要应用拆分工具。点击拆分，视频被切割成2个独立的素材。当然，拆分工具不仅能删除我们不需要的片段，重点是帮助我们将视频分段，方便进行不同的操作。

（4）添加字幕

我们在主工具栏点击文本工具，可以添加一层字幕的导轨。双击字幕层可以输入我们想要的文字。可以通过反复添加字幕，或是将字幕拆分（和拆分视频一样），抑或点击复制按钮来得到多个字幕，按需拖动至时间轴的不同位置。也可以将字幕缩放拖拉至需要出现的时间和时间段。在字幕中，改变颜色和字体样式都是基本操作。但是不支持屏幕取色。

（5）多层混合

多图层不只可以添加图片，也可以添加视频来做混合，或者当图章或贴纸来使用。支持多层混合是 Videoleap 的一大特色，可以通过点击混合器添加一个新图层；然后点击转换菜单，选填充，让新图层全屏；接着继续选择混合菜单，选取叠加，这样两张图就叠加在一起了。我们还可以通过继续调整用作基底的视频的不透明度，让新增加的图片更突出一些。

（6）添加音乐

Videoleap 自带一些音效，不过可选择的范围比较小。虽然 Videoleap 支持 Apple Music，但是很多 Apple Music 的歌曲都有版权保护，并不能被其他应用调用。

我们可以通过 iOS 系统自带的录屏功能，将喜欢的歌曲从 QQ 音乐或者其他视频里翻录下来，从而获得一个视频文件。

（7）转场过渡

对于多素材的视频来说，转场过渡至关重要，衔接好不同素材才不显得突兀。

（8）导出视频

如果你需要将作品上传至视频网站，那么建议使用 1080P 的分辨率保存。如果只是用来发朋友圈，720P 的清晰度就足够了，最后只要点击右上角的导出功能，就可以一键导出视频到本地相册。

（9）其他技巧

软件里还有一些功能和图片编辑软件比较类似，就不一一介绍了，最后将两个小技巧分享给大家。

Videoleap 的使用技巧

技巧总结	详细描述
踩鼓点	我们经常看见一些 Vlog 视频里,转场的时候,画面和音乐配合得很好,如何才能做到这一点呢? 除了良好的乐感、找到合适的音乐,对于我们需要的节奏点,可以打上关键帧标记,然后以此分割音频,我们还可以通过降速播放歌曲,来寻找关键节奏点
关键帧	关键帧可以实现非常多的效果,这也是 Videoleap 的一个特色功能。 举个简单的例子,如果第一段结尾处想实现放大画面的动画效果,我们可以在第一段视频结尾处(大概 5 帧)添加一个关键帧,然后再拖动至第一段视频末端,点击放大画面,APP 会在末端自动添加一个关键帧。这样在第一段结尾处两个关键帧之间就实现了放大画面的动画效果,从而增加 Vlog 画面的观感体验

  / VLLO：可爱、有趣的良心剪辑软件

VLLO

看到上面这个图标,你是不是也觉得这款 APP 设计得如此可爱。不只图标可爱,打开 APP 会发现,里面内容的设计也十分有趣,包括动态贴纸和气泡、字幕条、丰富的动漫表情，VLLO视频剪辑可以让视频变得更加可爱、有趣，充满吸引力。

尽管VLLO的功能很强大，且设计十分可爱有趣，但是从目前的普及率来看，和前面介绍的几款剪辑软件还有一定差距，属于一款相对小众的APP，且除了可爱、有趣这一特色，其他在编辑、剪辑方便的功能和前面几款软件差别不大，此处不再重述。下面将其比较有特色的几个功能用表格的形式总结出来。

VLLO 的主要功能总结

功能总结	详细描述
动态贴纸和文字	提供 700 多种动态贴纸和 60 多种动态文字
	会按照画面中贴纸和文字的移动进行动态记录
	通过标签功能，很容易找到想要的贴纸
	Vector 格式制作，放大贴纸和文字也很清晰
	可以随意编辑贴纸和文字的颜色以及大小
视频剪辑	提供剪切、修剪、调整倍速、逆向播放、复制等多种功能
	有视频反转、旋转效果
	通过 Ken Burns 效果可以随意移动、扩大、缩小视频
音频剪辑	免费提供视频剪辑所需效果音
	轻触一次就能录制声音
	提供 VLLO 背景音乐和 iTunes 中的音乐
画面修改	通过滤镜、模板、修图功能可以让视频画面更绚丽多彩
	可以修改亮度、对比度、色彩鲜明度、色调、高光、阴影、生动感、鲜明度 8 种细节
视频制作及分享	所有视频都不会留下水印
	可以制作像素为 4K 的视频
	可以把视频分享到微信、抖音、YouTube、Instagram、脸书等

4.2 一学就会的电脑剪辑软件

4.2.1 Premiere：专业级视频编辑软件

Premiere

看到这个图标，相信接触过视频的人一下就知道这个软件是做什么的了。Pr, Premiere 的简写，由 Adobe[1] 公司开发的一款常用的电脑剪辑软件。Premiere 是一款专业级别的编辑画面质量比较好的软件，最大特色是有较好的兼容性，且可以与 Adobe 公司推出的其他软件相互协作。目前这款软件应用最广的领域是节目制作和广告制作。

---

[1] Adobe 系统公司，英文 Adobe Systems Incorporated，是美国一家跨国电脑软件公司。

第4章 后期剪辑：快速成为专业剪辑手，和通宵说再见

Premiere还有一款兄弟产品是AE（After Effects），这个软件主要用于特效的合成和动态图的设计。Premiere是一款剪辑软件，提供一定的特效与调色功能，用于视频段落的组合和拼接。二者可以通过在Adobe联动使用，以满足日益复杂的视频制作需求。

由于我们多数时候在手机上就可以完成Vlog的剪辑工作，在电脑上操作的频次并不多（当然，专业的Vlogger除外）。所以，这里简单向大家介绍下Premiere的主要功能。

Premiere 的主要功能

功能总结	详细描述
管理素材	在视频素材处理的前期，首要任务就是将收集起来的素材拖曳到项目窗口，以便统一管理。操作方法是： 执行菜单"File"的子菜单"New"下的"Project"命令，单击"OK"按钮，便完成了新项目窗口的创建；再通过执行菜单"File"的"Import File"命令，选择需要的素材文件，单击"OK"按钮即可；重复执行，逐个将所需素材引入后，就完成了编辑前的准备工作
剪辑处理	打开时间线窗口，执行 Windows/Timeline 命令，将项目窗口中的相应素材拖到相应的轨道上。若需对素材进行剪切，可使用剃刀图标工具，在需要割断的位置单击鼠标，素材就被割断了；如将引入的素材相互衔接放在同一轨道上，可以实现将素材拼接在一起的播放效果
过渡效果	Premiere 提供了多达 75 种的特殊过渡效果，通过过渡窗口可预览到这些丰富多彩的过渡样式。尤其在两个片段的衔接部分，要避免生硬地拼接在一起，应采用过渡的方式来衔接
滤镜效果	Premiere 支持滤镜的使用，共提供了近 80 种滤镜效果，可对图像进行平滑、变形、模糊、纹理化等处理。当然，也可以使用第三方提供的滤镜插件，如好莱坞转场插件（Hollywood FX）等
叠加叠印	在 Premiere 中我们可以把一个素材置于另一个素材之上来播放，这样一些方法的组合成为叠加叠印素材。叠加的素材是透明的，允许将其下面的素材透射过来放映

续表

功能总结	详细描述
作品输出	在作品制作完成后期，需借助 Premiere 的输出功能将作品合成在一起。当素材编辑完成后，执行菜单"File"的子菜单"Export"的"Movie"命令可以对输出的规格进行设置。指定好文件类型后，单击"OK"按钮即可
Project 窗口	在 Project 窗口中可以进行的操作有：素材显示模式的调整、素材的输入、删除素材以及使用箱管理素材
时间轴	使用"监视器"面板预览已在时间轴或场景轴中排列好的剪辑。通过时间轴添加字幕、过渡和效果、裁切、分层和同步媒体，我们可以将媒体汇编到所需的顺序中，并编辑剪辑

4.2.2　EDIUS：剪辑功能稳定的编辑软件

EDIUS 因其迅捷、易用、可靠和稳定的特点，成了电视人、专业的制作单位以及 Vlog 创作者编辑视频的绝佳选择，下图为软件界面。

编辑软件对于制作新人而言有一定难度,若想在短期内迅速上手,除了对软件有整体的认知,还要掌握不同类型的软件比较有针对性的使用技巧。

如下表所示,EDIUS这款软件在使用过程中有很多小细节需要我们注意。

EDIUS 的使用技巧

功能总结	详细描述
移动调节点	按住 alt 上下移动调节点时,所有调节点都会受影响
静音设置	选中一个音频文件,点击 Shift + V 将快速创建一个 v 静音
	这个 v 静音的长度可以在应用设置——v 静音持续时间中设置
转场	将时间线指针放置在两个时间线素材之间,选择其中一个,按下 Alt + 1——将创建 1 秒钟的转场;以此类推,Alt + 2 为 2 秒钟转场,Alt + 3 为 3 秒钟……
	需要复制/粘贴一个转场,只需要简单地在信息面板拖曳它到另一个新的素材上即可
使用混音器	可调节单个轨道的音量或者同步调节任意数量的轨道音量
布局工具	可以快捷地混合 4∶3 和 16∶9 素材
字体参数	如果希望初始的默认设置是自己喜欢的字体、效果和对齐方式等,只需将所有参数设置成想要的,然后在文件菜单单击模板管理,在默认模板处点击更新
快速缩放	Ctrl + 1 = 放大到 1 帧显示级别
	Ctrl + 0 = 缩放到适合整个工程长度
	Ctrl + 1 到 Ctrl + 0 用来快速缩放时间线工作区域
	Ctrl + 2 和 Ctrl + 3 通常是不同编辑时较常用的
预览窗口	在预览窗口点击转场的名称,以预览其效果,在任何转场参数设置面板里也可按播放键预览转场效果
去除吸附功能	当在时间线上移动素材时按住 Shift 键,可以暂时去除吸附功能,在此基础上做细微的调整

续表

功能总结	详细描述
静帧输出	Ctrl + T 会自动记住上一次手动静帧输出
	如果上一次图像输出是下场的 TGA 格式，Ctrl + T 将创建相同的格式
	在时间线指针位置按下 Ctrl + T，将在素材库得到一张可用作冻结帧的静态图片
去除视频内容	将视频素材拖曳到音频轨道上，可以去除视频内容，直接使用音频（反之就是去除音频，使用视频）
修改素材	在素材库中右单击素材，选择属性，可以修改画面宽高比、场序或者素材缩略图
改变音频	右单击任何音频或者透明度调节线上的节点，选择移动，可以使用鼠标滚轮或者输入数值来改变音频或者透明度
快速移动	使用"Page Up"和"Page Down"实现剪辑点之间快速移动
修改声道	在属性页里还能修改音频立体声或者左右单声道

4.3 记住这些剪辑技巧和特效，再也不用"天亮说晚安"了

4.3.1 后期剪辑知多少

剪辑，即实际拍摄的大量素材，经过选择、分解、取舍与组接，最终完成一个连贯流畅、主题鲜明的 Vlog 作品。

剪辑是Vlog创作过程中进行的最后一次再创作，这不仅是一种技术，更是一种具有创造性的艺术形式，关乎整个作品的逻辑问题。如何把拍出的东西按照自己的想法呈现出来，剪辑是非常关键的一步。

视频剪辑是一种会说话的艺术，说它简单也行，把几段视频结合到一起就可以了，说它难也有道理，毕竟在视频剪辑里有太多的技巧与方法。因此我们从基础出发，以基础为重，从简单的要素中寻求关键点。

（1）剪辑要以叙述为基础

叙述有很多种类型，被广泛提及的要数旅拍风光类型。在笔者眼里，无论哪一种剪辑，一定要有逻辑关系，有一条主线贯穿始终。比如《龙井梯田》是一部好看的风光影片。纯色的大自然景色也要有剪辑，大环境带梯田场景，增加一些村寨和人的细节拍摄，这样一个视频就不会让人看得疲劳。

对于叙述故事的影片来说，故事的结构是一条主要的线。按照时间顺序、逻辑顺序、事件发生发展的顺序等，都需要剪辑的强力指引才能完一部优秀的作品。

（2）学会管理素材

其实不管是照片，还是Vlog影片，学会素材管理的技巧十分重要。

我们会为一部Vlog作品拍摄大量的素材。如果是照片素材，比如你用了一周的时间拍摄画面，也许用几分钟就可以浏览一遍。但如果是影片素材的话，浏览时间大大增加，比如你拍摄一个小时的素材，整理的时候就要用一个小时的时间去观看。一部短片由很多镜头组成，甚至一个场景就要拍摄很多镜头，效率低是毋庸置疑的。

所以我们要养成一个至关重要的习惯：随时标注自己满意的素材。无论是看到夕阳还是日出，是在生活中还是在旅行中，无论是照片还是影片，都要及时在相册里标注或收藏，这样在以后编辑的时候，就能够高效率地找到合适的素材。

（3）注重剪辑中的运动

想更好地了解剪辑中的运动，推荐大家看一部被称为"神剪辑"的短片《土耳其瞭望塔》。它无缝的转场搭配踩点节奏的画面，是近年来视频爱好者竞相模仿和学习的堪称"视频教科书"的神级短片。这部短片十分注重剪辑中的运动，镜头中的动势前后呼应，完美呈现出每个镜头的连续性，再配合上经典曲子 Experience 的起伏，这一切综合在一起构成了这部短片的灵魂。

4.3.2 / 锦上添花的后期特效

特效，通常是由电脑软件制作出的现实中一般不会出现的特殊效果。视频特效并不是我们常规理解的电视剧、电影或游戏中出现的"Duang"的爆炸效果等。我们从最基础的内容学起，总结方法。

恰如其分的特效能够起到画龙点睛的作用，反之则会弄巧成拙。在这里给大家总结几个Vlog特效的关键点。

（1）找到一个适合的软件

虽然现在手机上有层出不穷的修饰软件，但是能够调节视频颜色，又能保证视频内容不失真的软件少之又少。

大家可以在4.1节中列举的几款常见又好用的剪辑软件中，选择一款自己容易上手的APP，大家经常使用的是VSCO。

众所周知，VSCO是时下一款非常流行的摄影APP。这个软件的滤镜很好，也可以给视频上色。VSCO内有数量众多的胶片处理功能，可以轻而易举地获得一种胶片感或者说某种电影的独特色调，创造出令人着迷、胶片味道十足的手机摄像作品。

（2）必不可少的文字特效

就像一部好电影得有个好名字一样，一个Vlog影片也要有一个合适的标题。影片标题对于一部影片来讲意义重大，现在越来越多的剪辑软件都会有各种各样的模板，呈现方式各异。很多人都会选择稍显绚丽花哨的文字。但往往过于绚丽的文字会反客为主，让人忽略了影片的实际意义。

至于影片中的其他文字，可根据内容需要添加。一定要注意，不要使用过多的字体，如果前一个镜头是宋体，下一个镜头用幼圆，而后又用楷体，会让视频有明显的割裂感，所以一定切记不要频繁更换文字样式。

尤为重要的是，不要用过多的文字去说明一个镜头。观众看文字势必会忽略画面，文字会过多地吸引观众的注意力，能够用镜头表述的就不要再添加文字。

（3）Vlog视频的调色

对于手机调色，我们需要记住一个非常重要的原则——务必保证统一。

相较于有专业流程的视频调色，我们手机的视频调色没有那么复杂，容易操作。但仍需注意，每个相连的镜头之间，无论是曝光、调色、滤镜，都更倾向于保持一致。如果每个镜头的色调都不同，就容易让观众困惑并且被眼花缭乱的色调扰乱思绪，所以我们在后期调色中，一旦使用了某一种色调，就应该尽量将此色调作为短片的基础色调，这样也有助于观众理解短片内容。

4.3.3 / 让作品更生动形象的动图和贴纸特效

GIF 是英文 Graphics Interchange Format 的简写，原义为"图像互换格式"。GIF 格式可以存多幅彩色图像，构成一种最简单的动画。因其成像相对清晰、体积小的优势大受欢迎。动图和贴纸特效可以让作品更加生动、形象。

4.3.3.1 / 动图特效，闪闪惹人爱

制作动图的教程网上有很多。在这里，笔者给大家分享两种方法。

第一种方法，我们可以采用视频制作的方式来制作动图。

（1）先在 Photoshop（PS）软件中新建一个空白文档

也可以选择任何一款类似 PS 功能、适合做图片和视频的软件。打开 PS 后，建立一个适合屏幕尺寸或实际需求的空白文档。注意，如果动图要放在公众号中展示，为了提高加载速度，建议使用较小的尺寸。这样也为用户节约流量，提高流畅性。

（2）在空白文档上打出要写的字

理论上，我们可以根据自己的喜好随意选择字体。但为了演示效果清晰，建议尽量选择较粗的字体。

（3）打开时间轴窗口

当我们完成上一步操作之后，找到窗口中的"媒体"（不同的软件选择的窗口内容略有差别，请以实际使用的软件为准），导入编辑好的图片，

选择屏幕下方的某一帧图片，建立"时间轴"并打开，时间轴的界面会出现在 PS 界面的下方，点击"创建视频时间轴"的按钮。

（4）导入视频文件

首先要确定提前下载好的视频文件路径，在视频时间轴创建好之后，点击"打开媒体文件"并导入你选择的文件。加载完视频后，在时间轴上可以选择视频的长度，也可以左右移动选中的视频。

如果我们看不到完整的视频，原因可能是添加的视频过大造成无法完整演示。解决的办法有两种，一是可以用"格式工厂"把视频缩小；二是将 PS 的文档尺寸调大一点。

（5）生成 GIF 文件

上述工作完成后，可以用快捷键 Ctrl+Alt+Shift+S 迅速导出 GIF 图片，点击"储存"就可以生成 GIF 图片了。需要注意的是，左下角"动画"的"循环方式"选择"永久"，这样动画才能不断循环"动"起来。

第二种方法，我们可以用 GIF 动图制作的方式来制作。

（1）选取适合的 GIF 动图

在 GIF 网站上可以找到很多实用的动图，选择喜欢的 GIF 动图，直接导入 PS 中就可以。导入的方法和前面提到的方法一样，也是找到"窗口"中的"时间轴"。

（2）新建白色矩形

在 PS 界面 GIF 图层最上方用左侧图形工具画一个同样大小的白色矩形，用选好的字体在白色矩形里面写上需要的字。

（3）合并图层

将 GIF 图层和白色矩形图层合并，合并之后点击左侧的魔棒工具，选中字体部分按"Delete"删除之后就达到预期的效果了。

（4）生成GIF文件

生成GIF的步骤和前面提到的方法一样，按快捷键Ctrl+Alt+Shift+S进行保存。注意"动画"的"循环方式"选择"永久"。

如果想做动图，以上两个方式二选一即可。也许看起来很复杂，实际操作很简单方便。因为可以做出各式各样的效果，所以一定要亲自动手操作一下，才能发现它的有趣。

4.3.3.2 / 巧用贴纸，从此告别"废片"买家秀

看过欧阳娜娜的Vlog，会发现她很喜欢分享自己的日常穿搭。作为公众人物，她必须注重自己的形象，即便不是公众人物，我们若是不愿露脸或需要遮挡某个部分，可以利用软件里的贴纸功能来实现。

欧阳娜娜晒自己的穿搭，喜欢站在镜子前对镜自拍，然后搭配一些可爱的emoji贴纸，在很多剪辑软件中都可以找到类似下图的各种可爱贴纸。

类似上图的贴纸拿来放在自拍上，非常百搭也显得非常俏皮，适当加一些简单的贴纸会让Vlog充满趣味。

现在的贴纸模板不仅适合女生，男生一样非常适用，连不会修图的人都可以灵活运用，模板加滤镜一键轻松搞定。

第5章

Vlog运营：巨头围猎下的流量"解药"

运营Vlog这件事考验的不只是内容创意，归根结底是运营者的精湛技术、生活态度。没有自我的表达，依然是流量的"毒药"。

5.1 极致本地化运营：Vlog社区

5.1.1 Vlog从本土化到社区化

Vlog来到我国之后，首先根据国内用户欣赏的特点对内容进行了优化。现在很多打着Vlog标签的短视频，打开来看，会发现一种"演绎"的味道，甚至明明写着Vlog，实际只是某个网红在谈美妆、吃路边摊。无论从哪个角度看都不像是Vlog。最神奇和令人不解的是，这样的视频动辄就是超过百万的播放量，弹幕满屏。与其说这是"视频日志"，不如说是"真人秀"。

这类视频看不出丝毫的"纯粹感"，从主体到人物、内容统统"高大上"，而没有亲民的质朴。靠明星、网红、KOL（关键意见领袖）为这些视频拉流量往往只是蹭一时热度。各大平台为了让我国的用户有更高的接受度，纷纷加码以各种方式增加Vlog的社区属性，开启了一场从本土化向社区化的演进。

（1）流量、变现形式上的本土化

目前，Vlog想要被用户喜爱和推崇，要么是自带流量的明星，要么是耗费一定精力成本经过包装的网红或者KOL。在流量为王的大环境下，完全依托内容难以异军突起。在很多Vlogger眼里，一些几百上千元的小合作都谈不上是变现，但在Vlog这一概念还很新的国内市场，纯粹的Vlog变现模式还需要我们进一步挖掘。在大多数创作者尚未真正盈利的前提下，不妨继续纯粹地拍出自己想表达的内容和观念。同时思考该如何将Vlog拍得更具中国风。当然，平台更需要承担将Vlog本土化的重任。

可以肯定的是，在国内各大社交平台的推动、大量创作者积极参与之下，Vlog已经是一个热词，似乎任何作品都得和Vlog扯上点关系才会带来流量。

对于很多人而言，Vlog就像是一个大筐，新瓶、旧酒什么都可以装，哪怕是短视频、营销内容、网络综艺稍微整改后就成了全新的Vlog。只要富有新意，内容品质过硬，Vlog真正的形式、意义已经没那么重要。

同样的道理，Vlog在小部分热衷于原创的创作者眼中，内容始终源于生活、发于真实，Vlog就是应该拿来记录真实的生活状态，就算Vlog里表达的内容不够大众化，未必受大众欢迎，但他们依然希望通过自身的坚持，让Vlog在国内市场本土化的过程中，回归记录"真实"的本质。

（2）摆脱模仿的影子，向社区化演进

众所周知，短视频时长短，即便是抖音开放了1分钟的视频发布权限，在内容当道的今天还是会有很多人觉得1分钟也很难表达完整的内容。而Vlog内容时长通常在4分钟以上，10分钟以内。时常比短视频略长，这多出来的几分钟可以更全面地展示话题，塞下更多信息，让内容更完整、更有表现力。这也是为什么很多短视频平台开始放宽时长的限制，加速推进Vlog这种内容形式。

内容还是那些内容，只是时长变了，难道真的只是换汤不换药？

其实，无论是什么话题内容，在Vlog里都可以采用"一镜到底"等更为专业的拍摄手法，更像是一部独立创作的作品，效果也更为自然。对于创作者而言，最大的挑战在于如何在Vlog的基础上与商家进行广告合作，实现变现。可能在很多人眼里，Vlog还只是短视频的"变种"，加长版的短视频，只要在制作短视频的基础上延长时长，换成自拍的模式，就是Vlog了。难怪很多曾经的短视频创作人说，转型就成了Vlogger。这样的思路和玩法带来什么结果呢？

频频碰壁！

很多早期玩家受YouTube上的Vlog影响较深，模仿痕迹重。但同样的一则Vlog在YouTube上和国内平台上的播放量可能差距甚远。于是那些刚把视频搬回国或刚转型成为Vlogger的老玩家就以为是水土不服。与其说是水土不服，不如说是内容接受程度和思维模式的差异。Vlog最大的价值是帮助创作者向用户展示有价值的内容，而不是自身的颜值，这让一些形象不过关的国内Vlogger遭遇一个问题是，用户的关注点似乎还是在他们的形象上。也有作品被痛批是毫无诚意的自娱自乐。在国内，若非明星和有影响力的用户群，普通用户的日常拍摄若不花点心思，想要引起共鸣的确很难。其实这也不能全怪创作者。Vlog翻译过来本身即是视频日记，既然是日记，那就是不限于创作时间、地点，信手拈来的创作内容，路边发现好吃的、好玩的、好看的就立刻去拍。在外国人眼里这是最接地气的想法，在没有筹划情况下的简单、直接地表达，不可能看上去那么细致和完美，而这恰恰是Vlog的意义所在。可到了国内就不一样了，过于平凡的日常一开始少有人理会。哪怕是YouTube上小有名气的Vlogger，到了国内也可能不再受欢迎。

Vlog在我国要完全实现本土化、社区化，还要打一场硬仗。能坚持不失真我地表达的记录者们或许执着，但这很酷。肉眼可见的是，想靠Vlog赚钱的人和拍Vlog的人一样多。Vlog红利之下，Vlog商业化日渐成熟以后，变现的途径越来越多。接下来，向大家介绍几个目前正在强化Vlog的社区属性，通过本地化的运营往社区化过渡的平台。

5.1.2 / VUE社区化三部曲：正式升级为VUE Vlog

VUE Vlog，原名VUE，成立于2016年3月，初级形态是Vlog短视频拍摄和剪辑应用。当时的短视频市场已经出现快手、美拍、秒拍、小咖秀等产品。VUE入局视频领域，源于创始人邝飞对短视频市场的三个判断。

① 使用者对分享和记录生活的需求不仅一直存在，而且愈发强烈。

② 使用者的需求是前进发展着的，最初的是文字，然后是图片到现在的视频，载体的变化体现了用户需求向前发展的变化。

③ 传达内容更加生动、高效，这是视频在内容传达上的优势，因此也终将取代图片载体，视频不仅可长可短，还可以有不同的风格特点，更能满足不同用户的需求。

"视频版Instagram"是什么？它是能够为用户提供创作、分享一条龙式服务的视频创作与分享的平台，并非单纯的工具。

自2008年开始，越来越多的80后、90后甚至于00后开始了解并关注、讨论Vlog，让Vlog大有"星星之火可以燎原"之势。当然这得益于2018年的两次版本更新，首先是7月发布2.0开放社区模块版本，然后是12月发布3.0版本，也正是更名为VUE Vlog。随着这次变革，公司正式转向了Vlog社区。

VUE Vlog转向社区化需要满足两个条件：足够多的用户和足够多的内容。那么，用户和内容从哪来？

一个好工具才能吸引愿意创作的人，才能创作出更多优秀的Vlog，这是一个很好的起点，因此，创作工具成为VUE Vlog社区化的突破口。

对于创始人邝飞来说，这是一件水到渠成的事情。在创业之时已经明确VUE就是做社区，展示给天使投资人的愿景是"我们一开始想做的就是社区——手机用户首选的视频创作和分享平台"。

这也是VUE Vlog最擅长的部分，根据用户"入门、进阶、分享"的成长轨迹，VUE Vlog设定了社区化发展的"三部曲"。

（1）入门——帮助用户迅速创作一支Vlog

帮助用户快速创建一个有主题的小视频，视频时长增加至60秒，并且视频要有高级感，这是VUE成立之初的定位。VUE的后续发展还要感谢微信平台，因为在2016年年末，微信开放了上传本地视频的权限，这是VUE发展中重要的转折点和推动点。高质感的滤镜和交互好友的页面操作，用户朋友圈的视频点赞量增多，有越来越多的用户开始了解、熟悉VUE，并且体会到它带来的乐趣。

（2）进阶——筹备社区，积累优秀的内容和创作者

截至2020年1月，VUE Vlog社区已经超过了1200万个优质视频，安装使用量过亿，这是多么惊人的数字。也有像李子染、你好竹子等优秀的创作者约10万人，每天能产生5万个以上的视频。

数据统计，90%的用户在18～35岁，70%的用户是女性，生活在大城市，有较好的生活条件和受教育水平，性格开朗喜欢分享生活、热爱生活。品牌广告特别青睐这样的用户。同类型产品如果规模不大，难以提供用户所需的丰富内容，就会刺激更多的用户使用VUE，大量的内容创作

者随之而来。

俗话说"师傅领进门，修行在各人。"但VUE平台不是这样，它把用户引进门后，开始帮助用户做出具有主题性的视频，视频时长更是由十秒增长至六十秒。同时社区不断寻找、发现优秀的创作者和内容。

目前，VUE Vlog平台可以把以亿为单位的流量提供给百万的优质Vlogger，积累相当大的流量和用户基础。带着这种模式继续发展，会有更强的社会竞争力。

（3）分享——发布了3.0版本，VUE正式升级为VUE Vlog

2018年被称为Vlog元年，越来越多人开始使用更为真实、更有个人风格特点的视频记录自己的生活，分享给大家。2018年年末VUE 3.0版本的发布，更大限度地开放了视频编辑功能，制作视频时长也拓展到不限时长，增强了Vlog社区属性。

起初，VUE Vlog社区模块共分为"日常、旅行、摄影、美食、综合、宠物"六个频道。用户可根据拍摄的主题，选择相应的频道，上传录制好的视频，在社区内进行交流。根据2020年8月iOS端最新版本的VUE Vlog，"频道"功能已从社区中独立出来，单独作为一项在页面底部展示。官方推荐的频道有"有意思的游记""下厨房""超有用的旅行攻略""健身秘籍""变漂亮小妙招""数码产品种草社"等，用户可以根据个人喜好加入相应的频道。

用户打开VUE，看到的不再是原来的创作界面，而是通过不同维度组织的Vlog分发界面。整个产品都是为Vlog设计的，这也是新版本的新鲜之处。

美图秀秀是大家熟知的APP，它是互联网行业中工具性产品转型社区的成功典范。但同美图秀秀相比，VUE的用户生产的视频在制作的专业性和内容消费属性上都更强,这是VUE的大优势。

从另一方面来看,大多数国内年轻人的生活根本没那么有趣,这种文化差异也会制约它的发展,而不是说产品的本身有多么不好。

VUE社区能否成为爆款,并能够一直保持广泛用户的创作热情,仍有待观察。但是毫无疑问,VUE Vlog正通过自己的努力,在变革中寻找爆发机会。

时代不同,信息表达方式不同,需要应对的平台也不同。VUE Vlog将创作者、内容、观众三个元素融会贯通,相互促进,为记录真实生活的Vlog提供了一个平台。同时,完整的Vlog体验及闭环消费让Vlogger和他们所创作Vlog更好地成长,记录生活中的点滴,成就了国内最优质的Vlog社区之一。

VUE Vlog的闭环体验已经能够形成良性循环,那什么是社区的良性循环?越来越多的创作者会通过VUE Vlog创作出更简单且高效、高品质的作品,更容易让观众看到。观众和其他创作者会积极互动,有能够给Vlogger提供继续创造优质Vlog的动力,良性循环由此形成。

(1)逐渐形成完整Vlog体验及消费闭环

因为Vlog与消费场景、生活场景息息相关,这就为其商业化带来巨大的可能性。Vlog能够承载的互动形式与广告如下。

互动广告和品牌广告:优质品牌商对自己的核心用户群都有一定要求,而VUE Vlog的优质用户恰恰是品牌商的目标人群。

效果广告:视频识别技术会透彻地分析视频,进而达到"种草"及一键直达购买的要求。

没有人能够准确预估Vlog未来到底会有多大的商业价值,在中国Vlog尚处于发展初期,但未来它的发展势必是全球化的。从商业模式的角度分析，Vlog 和 Instagram 或 YouTube 有异曲同工之处，也说明这并不是一个小小的商业化市场。

（2）未来运营规划：挖掘独有的商业化价值

目前，想要全身心投入 Vlog 领域的创作者越来越多，他们最关心的问题就是 Vlog 的发展会给自己带来多大的变化或是收益。虽说国内 Vlog 尚未形成气候，这问题貌似出现得尚早，但这是不可回避的、创作者们最在乎的问题。

我们看国外的平台，拿 YouTube 来说，创作者仅凭流量就会获得可观的收入，当视频的点击率超过一定数值时，平台会为其增添贴片广告，创作者的收入就更多了。Casey Neistat 对于创作者来说并不陌生，他是很多 Vlogger 的启蒙老师，他在 YouTube 拥有超过一千万订阅粉丝，这代表着即使不拍摄品牌广告，平台给他的分成就是一笔不菲的收入。

国内的各大平台目前对于商业变现还处于摸索之中。在微博平台，微博承诺给认证"微博 Vlog 博主"的创作者相对应的传播资金。腾讯视频则采用分级制补贴，也就是说补贴内容根据评级来看，评级越高收益就越多，每条视频最高补贴可达 30000 元，这笔收入是十分可观的。

目前，国内 Vlog 领域商业化案例并不是很多，多半是因为这些创作者在进入 Vlog 领域之前就已经在其他平台有一定的知名度或影响力。比如说竹子，她本身就是小有名气的摄影博主，有很多的关注者，拍 Vlog 势必会带动一定的粉丝跟随，最终形成商业变现。

从品牌广告来说，虽然 Vlogger 的粉丝也就百万左右，比不上影视明星动辄几千万上亿的粉丝群体，但他们所吸引来的人群有可能正是品牌最需要的用户。再加上 Vlogger 在生活化的视频中亲自讲解，这会吸引更多的用户追随，由于具有很强的说服力，所以"种草"的成功率会持续升高。

现在VUE Vlog除了效果广告和品牌广告，正在积极探索打赏、版权内容、售卖素材等商业机制。

就目前国内市场而言，即使是井越这样的头部Vlogger承接的广告也大多是科技产品、拍摄器材等，我们仍处于初级认识阶段，还需更多的发展机遇。

事物都是变化发展的，在Vlog发展的过程中，平台必须建立良性循环的商业机制，Vlogger也要扩大规模，寻求更多优质的创作者，品牌商同样需要时间去了解和挖掘Vlog的商业价值。VUE Vlog和其他想借着Vlog这股东风崛起的平台仍需要更多的耐心去等待一个爆发的时机。

5.1.3 / 抖音"Vlog十亿流量扶持计划"

抖音，是一款可以拍摄短视频的音乐创意短视频社交软件。在发展的初始阶段，抖音牢牢地抓住了人性追求新鲜、刺激的这种天性，通过大量套路、旅游攻略、才艺展示和搞笑段子等视频吸引广大用户。初期使用抖音经常会出现刷到停不下来的情况。

同类化的内容再加上兴趣标签的推荐，导致刷的内容有些单一，直接跳过的内容越来越多，刷抖音的速度越来越快。用户刷了2年抖音，突然发现对抖音的热情减退了。抖音意识到危机，做出了改变，试图在短视频下半场继续分一杯羹，打破15秒限制，Vlog成新宠。

打开抖音，搜索Vlog标签会出现大量的视频信息，播放量相当可观。从抖音推出10亿流量扶持计划和开放1分钟视频操作权限就能看出，抖音加入了Vlog领域的中原逐鹿之战。

下图是抖音资本对Vlog"货真价实"的布局大作。继B站对Vlog的"30天挑战计划"与一闪发行的"一分钟创作挑战"之后,这并不是抖音初次向Vlog伸出友谊之手,"我是抖音Vlogger""Vlog日常""21天挑战"等官方活动在抖音APP中早已开启。

回过头看,抖音开放60秒视频权限,并投入10亿流量来扶持Vlog,是想让更多的UGC(用户原创内容)来充实抖音的内容,不仅提升了用户的参与度,也改变了现在PGC(专业团队生产内容)的氛围。

抖音的用户层面非常广泛,数量巨大,一些稍有名气的网络红人的单个视频的点击量就非常高,能够获得几十万甚至几百万的点赞。由此可见,有了拥有上亿流量的抖音APP助力,Vlog突破现有瓶颈得到更大的提升指日可待。

（1）产品层面

从具体产品来说，抖音针对参与"Vlog十亿流量扶持计划"的优秀的创作者和作品给予大流量扶持、抖音Vlogger认证等奖励。用户上传或拍摄时长大于30秒的原创Vlog，加上相对应的话题标签，就能够参与抖音站内发起的这项与Vlog相关的活动。

Vlog这种新型的生活记录方式，再加上分享和记录生活的抖音平台，不仅能够给普通用户提供更多的展示空间，还能让1分钟的视频展示出更多精彩的内容。

（2）用户层面

从抖音对于视频1分钟时长限制来说，降低了用户原创内容的门槛，鼓励更多的人参与到Vlog创作中。10亿流量扶持计划，既向用户明确展示了Vlog到底是什么，又能鼓励创作者，让用户更加了解这种人人都可以参与创作的Vlog。

现在抖音已经拥有了一批比较成熟的Vlogger，他们职业各有不同，有的是普通大学生，有的是飞行员，也有热爱旅行的小情侣和专业的摄影爱好者，Vlog多记录个人生活，更加生活化、真实性和个性化，抖音也在运营层面推动Vlog的发展。

5.1.4 / 小影"V光计划"开启极致化本地运营

小影，英文名VivaVideo，是杭州趣维科技有限公司在2013年初推出的一款原创视频、全能剪辑的短视频社区APP。VivaVideo是一个面向大众的短视频创作工具，集视频剪辑、拍摄、教程玩法为一体，具备4K高清、语音提取、逐帧剪辑、特效引擎、智能语音等功能。

小影作为移动端视频剪辑APP的领头羊，抓住了短视频问题带来的机遇，率先提出了"短视频Vlog社区"。以Vlog为核心，打造个人品牌，关注用户与受众的连接价值，用一系列的方法去解决短视频存在的问题，即碎片化垃圾内容浪费用户太长时间。

小影找到了短视频发展的新机遇，即立足于视频社交的Vlog与短视频结合，推出新的短视频Vlog，让创作者的新作品呈现更具有个性化的细分内容。

对于小影来说，2018年1月14日是值得纪念的日子，因为就在当天，小影在北京尤伦斯召开的战略会议上郑重宣布，小影的产品全面升级，为推动Vlog内容形态发展，启动"V光计划"的全新战略部署，全力打造世界Vlog社区顶级平台。

从内容层面看，只有少部分人能操作好Vlog内容，这部分创作者将伴随Vlog内容分层得到更优质的合作和推广红利，成为小影"V光计划"对外宣传的内容名片。从产品层面讲，将产品全面优化升级以提升创作效率，降低Vlog内容的制作门槛，积极引导、带动广大普通用户了解并参与Vlog内容创作。

为了推动"V光计划"，小影找到了一个"好兄弟"，它就是手持稳定器行业的领头羊大疆创新。大疆创新新设计的大疆灵眸Osmo手机云台2是专为手机用户设计的，在Vlog内容创作上有很大的优势。其内置的强大的能稳定运动镜头的SmoothTrack技术，再加上支持竖拍模式、身轻量化、续航更持久、操作更便捷，这都给创作者提供了更好的条件去拍摄高质量的Vlog作品。

基因优势、用户群优势、全球化布局优势是小影部署Vlogger生态圈层的三张王牌。小影依靠这一优势进入了群雄割据的短视频领域，重组格局，实现了工具向社区转型。

（1）基因优势

2020年4月，小影官方发布的最新数据显示，小影入围谷歌应用商城收入榜前五，并获得Google Play最佳开发者称号。

有数据统计，全球已经有超5亿的视频剪辑爱好者在使用小影，并且数据还有增长趋势。无可置疑，便捷、原创和专业成为小影的基因优势，小影成了原创小视频领域的先驱者。

（2）用户群优势

小影内有很多各不相同的群体，如听力障碍者、舞蹈社团、手工艺人等，他们在小影外组建自己的社团群，在小影中分享各自的视频作品。

（3）全球化布局优势

截至2019年年底，小影全球用户数超6亿，海外用户占比75%，进入国内短视频工具出海第一梯队。

以全球化的眼光来布局战略，小影出了"Glocalization"的运营手段。以本地化思路运营产品，我国作为深耕高价值国家，印度作为高增长国家成了两条重要航线。不久的将来，小影会全力打通全球Vlog社区与海内外Vlogger内容。

这三张王牌助力小影Vlogger生态圈层搭建，真正地实现它的价值，为小影构建全球Vlog社区打下坚实的基础。

5.1.5 / 微博Vlog博主召集令

众所周知,微博是通过关注机制分享简短实时信息的广播式的社交媒体、网络平台。在微博的世界,用Vlog的方式呈现真实生活成为越来越多博主的选择。明星的粉丝众多,他们拍摄的Vlog往往能起到刷屏效应,带动了更多的普通用户及视频爱好者尝试拍摄Vlog。

近几年,以社交内容起家的微博,始终尝试布局、推广Vlog。试图借助年轻用户对微博平台的黏性,通过Vlog加入流量争夺战。

随着微博产品的不断更新,逐渐增加了视频专辑等功能,又优化了视频画面的清晰度,让Vlog创作者和观看者都有很舒适的体验,帮助优质博主快速找到自己的受众群体。最新版微博还增加了视频栏,其目的就是培养用户刷屏的习惯,为Vlog增加流量入口,推动Vlog发展。

如今,Vlog博主已经是一种职业,其变现模式也愈加清晰。一些高产且内容优质的博主,可以借此机会签约MCN机构,机构会提供更成熟、更专业的服务和指导,使博主在商业变现和内容制作上都有质的提升。微博曾发出"微博Vlog博主召集令",公布了成为Vlogger的认证资格,即30天内发布大于等于4条的Vlog就有资格申请认证,并享受奖励包括流量扶持。同年11月,B站也上线了"30天Vlog挑战",内容和形式与微博大体一样。微博通过这种方式鼓励更多普通用户尝试拍摄Vlog,成为优质博主和职业Vlogger。想要获得认证资格,用户的申请条件及能获得的权益如下。

微博 Vlog 博主召集令

功能总结	详细描述
申请条件	发布 Vlog 数量≥ 4 条
	内容原创且视频时长 > 1 分钟
获得权益	官方"微博 Vlog 博主"的认证身份
	粉丝头条、官博转发、视频流曝光、推荐等 Vlog 视频扶持资源
	优质 Vlog 将收录进官方话题，也会被置顶推荐
	优先加入微博创作者广告共享计划
	有限推荐加入头部视频 MCN
	有限参加微博线上线下活动权益
	优质创作者有机会成为 Vlog 学员首期导师

从上表可以看出，在微博发布 Vlog 同发布一般视频从本质上来看并没有太大区别。只不过发布的视频变成了带有 Vlog 标签的"专属视频"。换言之，只要把拍摄剪辑好的 Vlog 写好标题，话题里面带有 #Vlog#，再以发布视频的方式发布出去即可。

5.1.6 / 百度：好看视频"Vlog 蒲公英计划"

抖音发布 Vlog 扶持计划后，2019 年 5 月 10 日，百度也宣布推出"蒲公英计划"扶持 Vlog，使得短视频新风口呈现白热化竞争。

好看视频于 2017 年 11 月上线，是百度团队打造的短视频聚合平台，拥有独立APP，并内嵌于百度APP首页。2019年6月，《中国移动互联网2019半年度大报告》显示，好看视频位列月活5000万及以上APP中，好看视频背靠百度系APP的引流，用户规模增长2.3倍，增速排名第二。

2019年一场题为"新生态共进化"的百度联盟生态合作伙伴大会在成都举行。

曹晓冬作为好看视频的总经理在会上发言，他说2019年百度上以Vlog为关键词的搜索较去年同期增长十倍，这是一个惊人的数字。紧接着，曹晓冬发布了给予20亿流量扶持和5亿元现金补贴的"Vlog蒲公英计划"。与此同时，由于Vlog拍摄编辑器能够智能识别语音直接生成字幕，减少了创作者的工作流程和时间，好看视频APP便提供了这种编辑器供创作者使用。

曹晓冬认为每个人都是变化发展的，我国人不会一直娱乐化，都有自己提升与成长的诉求，Vlog是视频消费的升级，也一定是未来人们都喜欢的视频内容形式。

此次"Vlog蒲公英计划"在一定程度上解决了以下问题。

（1）解决制作难题

Vlog已经进入全民时代，这种Vlog"神器"的上线解决了普通用户的制作难题，同时也大大降低了拍摄门槛。创作者用手机拍摄Vlog后，可以一键生成Vlog大片，基于百度人工智能能力的Vlog拍摄编辑器可以将原声自动转换成中英双语字幕，这都为创作者解决了制作难题。

（2）解决收益难题

为保障创作者的收益，好看视频APP投入5亿元现金补贴。有些优质创作者的粉丝量已超过1万，在好看视频完成原创认证后，可最高获得8888元的收入；如果作者能够邀请到与自己同级或粉丝比自己还多的优质原创者入驻好看视频，认证结束后可获得888元收入。

同时，全网创作者完成Vlogger认证，收入翻2倍；在平台拥有1万粉丝的签约创作者，在好看视频首次发布Vlog，收入翻3倍；在平台拥有5万以上粉丝的独家签约创作者，收入翻4倍。这就是好看视频针对不同创作者设置的2～4倍补贴收入计划，大大增加了创作者的创作动力。

(3) 解决合作难题

好看视频重点扶持MCN机构，提供2亿次粉丝推荐、商业合作和20亿流量资源。

曹晓冬说："好看视频将从电商带货、直播打赏、品牌代言方面全面赋能"，在商业合作上，真诚的邀请优质的MCN机构加入Vlog计划。

2020年，数十万视频创作者通过好看视频给7亿百度生态用户提供全方位的视频内容，每天的观看次数高达数十亿次。

百家号是百度旗下信息流产品，与头条号和今日头条有竞争关系。在2019年，百家号投入3亿元补贴扶持品质化原创内容和20亿流量。百度内容生态的核心支撑就是百家号。2020年5月，百家号总经理杨漾宣布面向创作者推出"百川计划"，全方位助力创作者快速成长。计划投入流量500亿，针对新手作者、爆款内容、高潜力作者和MCN机构提供专项扶持。

随着一些在校学生想加入到好看视频APP，百度开设了百度好看学院这个专门针对在校学生的自媒体培训平台。百度内部的大咖讲师还有一些自媒体红人给用户上课，课程分为初、中、高三个阶段的培训，针对不同的用户学习水平，循序渐进地磨炼自媒体人才。

学习完各类课程，用户可获得好看学院的毕业证书。优质用户可以获得去百度实习的机会，表现优秀也有机会留在百度工作。同时百度百家号和百度好看学院共同给大家提供了一个自媒体展示空间。也就是说只要用户有好的优质内容，百度会倾平台之力帮你推荐，还有丰厚的分成收入。百度好看将致力于个性化资讯领域，做百度内容生态战略中最重要的一环。

现在是编辑推送的时代，编辑往往决定了内容的呈现方式，有些内容在批量推送后，它的阅读率和影响力不能达到很好的效果，一些指向性的优质素材在特定领域却被掩盖。

个性化推荐功能在好看视频顺势而生，通过Feed流推荐引擎，深度挖掘分析全网搜索用户的行为数据，向用户推荐优质内容，不仅提升了用户的阅读体验，满足不同用户的浏览需求，同时，助力自媒体找到忠诚读者，为众多优质内容寻找欣赏者，进而提升自媒体的品牌影响力。

百度好看运用人工智能，背靠百度深度分析，通过大数据推荐，成为百度人工智能技术在信息阅读领域的一次成功的产品应用。也就是说百度好看不仅能捧红你，更是要让你持续走红。

许多内容创作者的最大愿望是能成为当红的自媒体人，这对大部分人来说是很难的。百度好看免费开放多元化的课程，邀请自媒体大咖答疑解惑，开放更多资源，为自媒体人的快速成长提供大量机会。

5.1.7　B站"Vlog星计划"

Bilibili，简称B站，是国内知名的视频弹幕网站，这里有最棒的ACG（动画、漫画、游戏的缩写）氛围，最及时的动漫新番，最有创意的UP主（在视频网站上传视频音频文件的人）。

当你觉得生活有些枯燥乏味的时候，不妨体验一下他人视角能带给你什么样的惊喜。例如,你试着想象一个跟你年纪相仿的法国人,身上背着滑翔伞没有任何其他工具,选择在澳大利亚一个广阔的无人区降落,这是比"贝爷"还疯狂的野外生存体验——这是B站UP主"信誓蛋蛋"的一期《澳洲极限挑战》Vlog。

2017年YouTube红人Casey Neistat带动了中国少数博主,Vlog这种更自由、更个性化的视频表达形式,也逐渐成为一种深受创作者和观众喜爱的形式。它激发了越来越多的年轻人分享自己的生活,从独特视角出发主动成为创作者,为平台社区提供了更丰富的内容。

2019年5月31日,B站宣布上线"Vlog星计划"。B站在Vlog领域有所建树,但并未止步于此。它正在积极探索如何调动新一代用户丰富自己的创作,挖掘自己的生活,激发自己的热情,同时也在努力让他们获得品牌增量和理想的商业收入。B站开启Vlog星计划,六大资源扶持Vlog创作,分别是流量扶持、账号认证、活动支持、现金激励、平台招生和深度合作这六大资源体系。

在商业化支持和补贴上,B站提供每月100万元的专项Vlog奖金支持;在流量支持上,B站提供每月1亿的专项站内曝光流量支持,以及500亿次站内的流量曝光等。

(1)同理心:发现生活里真正的感动

早期,不少观众喜欢看Vlogger井越的《别再问我什么是2017》,并从此开始了解并喜欢看Vlog。flypig、cbvivi也是被观众最早注意到的第一批中国Vlogger,直到现在,依然有不少人在反复观看他们的优质高人气视频,并在视频下留言。这些Vlogger对现在年轻人的创作起到了带动作用。

越来越多的人开始享受和分享自己记录的生活。例如B站的萌宠UP主"花花与三毛CatLive",养了四只性格迥异的猫,她第一次带猫咪出去玩、自制肉干给猫咪吃,还有"B站最甜猫CP,终于结婚了"等一系列的猫咪视频,都得到了百万的关注。

现在有不少创作者分享自己的职业选择、婚姻生活等方面的困惑和思考,这是以往短视频内容很少涉及的领域。

例如UP主"极地手记"的作品《极地的职业路:从高薪产品经理到低收入全职UP主,我们到底应该选择一份什么样的工作?》,UP主"香酥鸡翅"的作品《从对签约绝望到月入三万,写网文六年我经历了什么?》,他们的作品展示了职场新人的困惑和思考,对年轻观众应对人生挫折和选择职业有指导意义。

"大程子好妹妹"是一名在互联网公司工作的残障人士,她向观众展示自己怎么找到的工作、如何坐轮椅上下班,以及在公司的状态与情况。

(2)平台化:寻找更多平台增量

从2019年下半年开始,B站就持续对Vlog及其创作者给予扶持和激励。例如"Be A Vlogger""30天Vlog挑战""理想生活Vlog大赏"等一系列活动,这让B站的Vlog视频累计播放量比2018年同比增长了18倍。同时,B站已经上线"Vlog领域优秀UP主"认证系统。我们可以看到,B站在培育Vlog生态的过程中,逐渐摸索出了一套适合自身平台寻找更多增量的有效方式和经验。

当Vlog的生态圈变得越来越活跃、成熟之后,B站迅速捕捉到了这一种新的内容形态。在B站,对于已经有一定粉丝沉淀的UP主而言,Vlog的形式还未被固定,正因如此,他们才能在创作Vlog的过程中展示自己更真实的一面,而这种"造星"平台化的新计划能为他们增粉的同时,为用户带来新鲜感,从而更有针对性地吸引到对内容真正感兴趣的新粉丝。可以预见,在不远的将来,更多符合B站"Vlog星计划"的创作者会来到B站,携手打造一系列精品内容。

5.2 / 填补短视频领域的审美疲劳：Vlog短视频运营

5.2.1 / 基础运营技巧：不浪费每一个好片子

短视频太短、太娱乐化、太碎片化……当低价值、无营养的内容达到一定体量时，与之相反风格的Vlog就迎来了市场。

但是，在运营初期，很多初学者拍摄完一支Vlog很容易陷入"自嗨"的误区，也就是自认为自己精心制作了Vlog，但播放量却寥寥无几。看着少得可怜的数字，却不知道问题出在哪里。若不是真的拍得很烂，那就是运营出了问题。这节就来谈谈如何才能不浪费好片子。让播放量"蹭蹭蹭"上涨的诀窍是什么？

（1）吸引人的封面

好看的视频封面，是用户点开一个视频的首要原因，其心理是：能做出这么好看的视频封面的人，整个Vlog的水平也一定不会低。

一个有趣的灵魂也需要美丽的皮囊。当用户看到吸引人的封面，就会有点开看的欲望。设计一个好看的封面有以下要点。

设计 Vlog 封面的技巧

技巧总结	详细描述
背景图片	背景图往往是用户最初对 Vlog 封面的直观整体感受，一个好的背景图是封面成功的主要因素
字体	字体则是整个 Vlog 封面的点睛之笔，用对了字体，整个封面就会上一个档次
PS、AI	对于 PS、AI 可以信手拈来的人来说，分分钟就能做出一个好看封面
PPT	PPT 即 PowerPoint。大家能够通过各种渠道找到自己喜欢的 PPT 模板，将那一页 PPT 导成 JPG 形式，一张好看的封面就做好了

（2）引人入胜的标题

有趣的标题也是用户点进一个 Vlog 的重要因素。但现在很多 Vlog 的标题起得非常随意。例如"Vlog001 三里屯探店"这个 Vlog，去过三里屯的人很多，三里屯的店也很多，是什么类型的店，谁去的都没有写清楚，用户看了不明所以，点击率自然不会高。如何才能取一个引人入胜的标题呢？

设置标题的技巧

技巧总结	详细描述
短还是长	Vlog 视频标题都有字数限制，过多或过少都不能上传。用户要是看到不完整的标题，自然不知道这条 Vlog 想要表达的是什么。若是字数太短，则信息传达不清；如果接近字数上限，则经常会出现显示不完整的情况
尽量美观	Vlog 是否要将标题加上"Vlog"几个字母呢？对于新手小白来说是必不可少的，因为我们能够通过这几个字母，与其他类型的短视频区分开。但是有很多小白一开始就加许多奇怪符号，格式十分混乱。虽然标题是以文字形式出现的，但仍然需要注意观赏性，否则会流失很多潜在观众。标题简洁，是绝对不会出错的

续表

技巧总结	详细描述
抓住重点	许多小白在起标题时，通常无法抓住重点，起一些虚无缥缈的标题，让观众摸不着头脑，自然也就没有想要观看的欲望
主要内容	标题可以通过关键词来展示某一条Vlog的主要内容，能够让观众清晰地了解，很多Vlog平台还会根据标题提取分类关键词进行推荐。若是随意起标题，就很有可能被平台过滤掉，导致播放量大打折扣
制造悬念	标题讲故事，也能够提升短视频的吸引力。很多人会在标题上制造悬念，让观众了解到整条视频中最有意思的点，能够帮助观众"划重点"，获得更多播放量
高流量热词	标题还可以挑选高流量热词，也能够大大提高搜索量

（3）精彩的片头

Vlog和一般的短视频不同，Vlog的片头可以每期更换，但普通的短视频常使用固定的片头来凸显形象。所以，如果是拍一个系列，每期Vlog可以剪出来最有意思的一句话当片头，会大大提高这个视频的点击量，也可以剪些片花作为开头，如果把合集剪出片花，能够让大家对这条Vlog的内容一目了然，根据背景音乐的鼓点来剪会让用户看起来非常舒服，提升观众观看下去的欲望。

（4）合适的标签

每个人都绞尽脑汁思考，如何才能让自己的Vlog拥有极高的话题热度。其实很多平台都会有许多自带的热门话题，这些话题是平台本身运营主推的，如果我们能捕捉平台的这些话题点来投稿就很容易有流量。

5.2.2 内容驱动:打造多元化内容增加情感体验

拍摄Vlog的人越来越多,但能制作出优秀内容且有分享意识的人始终是少数。

目前,几乎所有主打移动端短视频剪辑的工具,都希望降低视频拍摄、剪辑的门槛。由平台来引导用户进行内容创作。

今天,我们来到短视频下半场,内容成为最主要的竞争力,现阶段我们最应该思考的是,如何吸引越来越多的人拍Vlog,以及如何让Vlog内容越来越多元化,带给用户不一样的体验。Vlog必须高效利用时间,确保每个镜头都有意义,要在短时间内通过视觉或听觉让受众得到某种情绪上的刺激,因此,打造多元化内容增加情感体验就是捕捉"惊艳""炸裂""爆笑"的那一瞬间。

在渠道、场景等越来越重要的短视频市场中,Vlog有着很明显的内容驱动特征,Vlog与短视频的本质区别是"分享"与"秀"的不同,"秀"更多的是"博眼球","分享"则能够完成情感联结,形成独特的情感体验。它所呈现的思想性是很多受众所关注的。

Vlog是关于真实生活的,看起来不像真人秀综艺那么虚假,又不像现实生活那么粗糙。开始拍Vlog的门槛很低,要拍出好Vlog的门槛却很高。大部分内容是对所属领域PGC内容的承袭,缺乏创意、内容重复,看多了难免会让观众产生视觉疲劳,所以大多数Vlogger只是简单记录,缺乏个人风格这种软实力。

如今,大多数Vlog创作过程中所谓的内容创作,往往是博眼球的成分太多,实质内容太少。粗制滥造,平庸无奇,用户看过后根本无从建立认知,也产生不了欣赏和分享的冲动,无法达到预期的传播效果。以下是打造Vlog多元化内容的几个要点。

(1) 找到你的受众群

理论上来说,Vlog的受众群体可以很宽泛,但我们一定得从宽泛的群体中找到最重要的、适合的用户群体。再依据他们的特性去制定内容拍摄策略,以求实现受众的精准性。圈定了目标人群后,就要知道他们的收看喜好,了解他们的需求、痛点,最在意影片中的哪些要素等。

(2) 聘请专业的编辑人员

术业有专攻。如果你是在某个平台专业运营Vlog的人,专业的编辑是不可或缺的角色,这样能够确保拍出来的内容可提供给用户真正有价值的东西,知道哪个想法能拍成一支Vlog,哪个想法只值一条140个字的微博信息,或是制作成一条1分钟的视频。专业的编辑可以跟那些有想法却不善言谈的人沟通合作,能把他们的想法变成吸引人的愉快的内容,即便是那些语无伦次的喋喋不休,在编辑的雕琢下,也能变成一支有趣的Vlog大片。

(3) 寻找合适的传播平台

找到了用户群体,拍出了优质内容,接下来就要研究传播Vlog的渠道。如果没有好的渠道,内容再好也是枉然。所以,一定要寻找合适的传播平台来助力。

有个词叫"趁热打铁",尤其是关于时事热点的Vlog。当用户被优质的内容吸引后,最好平台有立即实现转发、分享、购买等行动的入口,如一键加好友、微信扫一扫、购买链接、收藏转发等,如果少了这些转化入口,就可能错失一大批潜在用户。

（4）突出Vlog特点与价值

Vlog运营的核心，就是在视频中凸显内容的价值。当读者看完你的视频后，能用几个关键词描述出来，那就是成功的。所以，你的内容必须要体现你的风格、你的内涵、你的价值，因为在产品同质化的时代，大家要的是个性和特点。当然，在凸显自身风格的同时，也要戳中用户的痛处，将心比心，有所共鸣，才能赢得用户的同理心。

（5）坚持更新

Vlog的传播需要坚持不懈，如果只是偶尔发一集，很难有效果。要持续做下去，如每天更新一个Vlog，陆续加入新的视频，让优质内容持续受到关注。

通过衡量以下几个指标我们可以判断Vlog的传播是否有效。

衡量Vlog内容传播是否有效果的3个指标

指标	分析
传播广度	内容传播的广度，之前只是熟悉的人在查阅点击，现在有更多的人参与评论和转发，那就证明内容已经开始扩散了
分享次数	内容展现的次数、曝光的次数和数据直接可衡量效果的强弱
平台表现	转化量和平台的表现如何，网站的流量是否增加，点击率是否有变化，这些都可作为运营后期完善和改进的依据

5.2.3 / 打造个人IP，跻身潮流KOL

在互联网时代，个人IP是指个人对某种成果的占有权，它可以指一个符号、一个共同特征的群体、一部自带流量的内容、一种价值观。在流量碎片化的时代,KOL(关键意见领袖)的口碑传播与带货能力也成为品牌推广的不二之选。

仔细分析Vlog,其本质是记录生活中的吉光片羽。但是一个好的Vlog不可能是完全脱离编排或编剧的。当一支Vlog有了可观的流量,流量的入口始终是人,而Vlog达人们会带来流量,流量经济将会带来更多变现的可能路径。

与"快手"偏草根、抖音偏酷炫的审美取向不同,Vlog在相当程度上是一种视觉快感的满足,并且能够产生一种社会意义实现的愉悦感、自我认同的满足感。这种体验就是当下流行的所谓IP格调或品味的塑造和强化。在信息的海洋中,通过人格化的塑造让Vlog变得更独特,且带有人性的温情感,让用户更容易接近与接受。

基于发布Vlog的平台调性,我们在打造个人IP时,可以有以下两个角度的定位。

一是从行业领袖、专家、个人IP、公司IP角度定位,分享一些专业度高的内容。

二是从第三方的角度,也就是普通用户的角度去定位,侧重表达第三方视角下的真实感受和体验。

(1)自我建构与身份表达的Vlog叙事模式

不同于短视频记录一个故事,Vlog更像是记录一个灵魂。没错,当短视频的创作者们在用内容讲故事的时候,许多专业的Vlogger在不知不觉间已经赋予故事一定的精神内涵。

社交的本质是通过高频率的互动使陌生人联系在一起,Vlog的独特之处就在于,Vlog的"记录"和"叙事"特质使其成为一把社交利器。我们通过Vlog讲述故事,在这个过程中我们更易与粉丝形成"亲密关系",

逐渐模糊虚拟社交与现实的界限,从而达到建立社交的本质目的。

从这个角度来说,我们不仅要有更专业的视频设计及制作能力,还要有更稳定的创意和人格魅力。能否长期稳定产出有趣的内容,是KOL塑造自我IP标签,维持用户黏性的关键。从"我"的角度,深度和广度内容互相配合,快速与用户建立深度关系。当用户更爱看你拍的Vlog的时候,他们自然更愿意分享和付费。

（2）找到属于你热爱并擅长的领域进行深耕

有些创作者会说,我从小就是学霸级的人物。但在做KOL这件事情上,我并不提倡你成为学霸。你不需要每天花大量的时间来学习而没有了自己的生活特色。不要为了进入某个领域而拼命学习。先找到一个你真正热爱并擅长的领域,再努力也不迟。人往往在擅长的领域才能做到事半功倍。

所以,在成为KOL这件事情上,并没有人逼迫你,都是你自己的选择。既然如此,为什么不在一开始就选择一个自己热爱的领域。

（3）注入匠心,为用户创造价值

注重质量,深耕所在的领域,时刻记得用户关注你是为了学到自己所需的有价值的内容,而不是为了茶余饭后的消遣。为你的Vlog注入匠心和灵魂,会使你在同质化的竞争中产生独特的差异化并脱颖而出。

你的真正价值在于为用户创造价值,主要有以下三点。

为用户创造价值的3个关键

要点总结	详细描述
"关键"价值	一定要在最关键的时刻站出来,比如发生了重大的行业新闻和行业形势迎来转折的时候。这时你一定要勇敢站出来,至少说明身处这个领域的你在关注这个事情

续表

要点总结	详细描述
"意见"价值	在关键问题上,你站出来以后还要给予有价值的意见,表明自己思考后的观点和立场,不能因为怕得罪用户而不敢发声或者干脆随波逐流,放弃了自己的态度
"领袖"价值	领袖的价值在于你永远不是一个人在自娱自乐。你不只是一个传声筒,更是一个扩音器,你要为"挺"你的粉丝发声,你说的每一个观点都要思考清楚,你代表的是身后粉丝的声音

5.3 寻找共鸣感与缝隙中的增量:Vlog+直播运营

5.3.1 差异化直播,打造内容IP新玩法

Vlog视频形式的存在,填补了直播和短视频之间的"空白地带"。

Vlog不仅可以避免直播时话题或者展现形式单一,通过后期编辑,既可以展示真实的一面,也可以避免直播过程中的尴聊,有很好目的性和故事性,增加了观感体验。

(1)制作门槛不同

直播最大的特点是,只要有一部有美颜拍照功能的智能手机作为内容生产工具，我们就可以即刻产出内容。

而Vlog有着连续拍摄、剪辑这些看似门槛很低的功能，但Vlog可以通过后期包装进行更多创造性的内容制造，这才是它"真实"的基本底线。这也让Vlog拥有了产生高级影像审美的更多可能。

（2）目的动机不同

Vlog是展示自己的真实生活，是以自我为中心展示事件；直播更多的是商业行为，是讨好粉丝，以用户喜好为中心来运作经营。相比之下，Vlog充满着表达自我的欲望和社交需求，更真实、有趣味、有感情。

（3）时间维度不同

直播需要在固定的时间内完成，作品留存短暂，用户观看和互动停留在固定时间象限。而Vlog可以不限定时间进行拍摄，拥有足够时间进行后期编辑，决定了它可以长久保存作品，粉丝和用户可以反复观看。

（4）内容结构不同

与直播相比，Vlog能够展示更丰富的内容场景，它带有更多短视频特征，如节奏感、碎片化、叙述感更强。

（5）发展趋势不同

从定位上看，Vlog跟短视频和直播都形成了差异化，但相比之下，Vlog是高级的。越来越多的平台鼓励普通用户用Vlog来记录生活和进行内容创作。毫无疑问，Vlog作为新生事物正在呈上扬发展趋势。

利用这种"不同"，天猫国际打造了《国家的宝藏》。《国家的宝藏》是一部系列电影，也是一部很著名的美国电影IP，这部电影通过收集历史的蛛丝马迹，寻找国家创立者留下的秘密和宝贵的财富。

这部影片之所以能成为热门的电影IP，是因为尽管美国的历史不长，但这部片子拍出了历史感。

2019年,天猫国际直播爆发,如何更高效、更受关注地向消费者推荐全球好物变成了一个需要突破的新方向。天猫国际通过不断的探索和尝试,借力《国家的宝藏》这个IP,通过直播和Vlog的新模式,打造了一档全球寻找好物推荐的栏目,开启了天猫国际直播的全球之旅。

通过不断的迭代升级,《国家的宝藏》整个内容形态变得越来越适合视频营销,也变得越来越成熟了。

在内容上,天猫国际《国家的宝藏》分为两个部分:一是溯源Vlog;二是溯源直播带货。

溯源Vlog是通过会讲中文的外国人作为溯源的"向导",对本国的品牌进行讲解,让用户可以更直观地了解品牌的来历和在国家的历史背景。这对于很多不太出名但是性价比很高的小众品牌来说,是一个非常容易触动人心的Vlog广告,有助于对品牌比较陌生的消费者更加直观地了解这个品牌,迅速对品牌有一个新的认知。

而溯源直播带货我们都很熟悉,是由知名的淘宝直播博主通过直播卖货。如今的淘宝直播有多受欢迎,看看2019年的超级网红、顶级流量——李佳琦你就能感受到了。

所有视频形式中变现最快的方式就是直播。当长短视频直播业略显疲态、市场趋于饱和状态。Vlog+直播运营必将成为流量主播们的必争之地!

可以预见,UGC(用户生产内容)+PGC(专业生产内容)+直播模式会逐渐进化为Vlog+UPGC(即UGC+PGC)+直播这一新形势。在这里,Vlog成了一个超长的产品介绍片,其优势被挖掘了出来,这种形式兼备深度和情感,兼顾了用户喜好和专业的内容生产方式,一个全新的视频营销模式就这样诞生了!

5.3.2 沉浸式体验，满足用户对另一种生活的想象

媒介是用户的延伸，满足了人们对另一种生活的想象。一部影像作品让我们脱离了时空、距离的限制，透过Vlog，我们可以观察他人的一天，一个真实的人在屏幕里吃喝玩乐，过着不一样的生活，仿佛屏幕这头的我们也体验了他人的生活。Vlog给用户带来不一样的"云体验"。

我们还是以重返伯克利音乐学院的欧阳娜娜为例，Vlog这一形式，将她的生活直观且近距离地展现在观众面前，使用户有很强的沉浸式体验感。她自由地在两种身份中自由切换——白天上课学习，为考试发愁；晚上画着精致的妆容，穿上高跟鞋，去另一个城市看维密秀，与世界名模亲密合影。对普通人来讲，看似魔幻不现实的生活却如此真实不做作地展示在自己眼前。这种接地气的宣传方式也帮助她获得了不少好感，洗去了身上原有的负面标签。

Vlog中往往能最大限度地保留生活的常态，能够给人以身临其境之感。当画面呈现在眼前时，我们首先假想"自己"就是画面中的"他人"，然后再以"他人"的视角想象"自我"。很显然，这种以"自我"为中心，对着镜头说话的变相"直播"方式，给观众带来了不一样的"云体验"，仿佛观众也参与其中。

（1）从记录生活到"绑架"生活

我的一位网络主播朋友C，她说自己以前每天早上起床第一件事是打开手机，现在则是打开GoPro。Vlog的风潮袭来，身处其中的我们不管愿不愿意，都必须尝试接受新事物，将自己融入其中。当Vlog被赋予更多

意义，它不再是博主们自己的兴趣，而是更多人的谋生工具时，人们在拍摄时就没有那么随意了。

朋友C就是个例子，在没有觉悟之前，她拍摄的Vlog虽然每期内容只有十几分钟，但大多时候都是记录和拍摄大半天，最后在剪辑成十分钟。这样一来，为了让自己的视频保持活力，内容方面的考量也变得更加复杂，想要找到让绝大多数观众满意的思路或方向越来越难。这样的Vlog已经从记录生活变成了"绑架"生活。

如果我们想始终带给用户不一样的沉浸式体验，就不能因为"谋生"而"绑架"了真实的生活。朋友曾遇到一位初学者，起初她拍视频的时候想的是简单记录自己每天的生活，可如今只要打开镜头开始拍摄，她就不由自主地成了一个表演者，她的思考和顾虑也越来越多。例如自己生活上的东西哪些可以曝光，哪些是隐私。而出于用户的接受度和播放量的考虑，她也会担心Vlog内容的质量。朋友告诉她，正因如此，我们更要尽量在每一期去呈现更多新奇好玩的内容。慢慢地我们会发现，我们最真实的生活并没有被绑架，我们并不是演员，不需要一场自导自演的秀，我们只是想透过Vlog简单地记录简单纯粹的生活。若不能以这样的心态去拍摄Vlog，久而久之，这种模式相比以前做直播反而更令人觉得累。

（2）收割孤独的狂欢

美国一家健康服务公司Cigna在2019年一项针对美国城市居民的调查报告显示，43%的人选了"有时/总是觉得他人的关系没有意义"，46%的测试者选择了"有时/总是感到孤单"。在所有测试者中，年轻人的孤独感是最强烈的，"Z世代❶"的孤独感平均分高达48.3，远高于72岁以上老年

---

❶ Z世代是美国及欧洲的流行用语，意指在1995～2009年间出生的人，又称网络世代、互联网世代，统指受到互联网、即时通信、短信、MP3、智能手机和平板电脑等科技产物影响很大的一代人。

群体的38.8。足见，孤独已经成为这一代年轻人愈发普遍的共性。

而孤独、寂寞也在不断催生着类似Vlog这样的新事物。如果说，十几秒一个短视频能不断刷新年轻人的注意力，那么十几分钟的Vlog则能让他们沉浸在更多自己想看、想做但却无法实现的事物中。对于这群孤独的年轻人，Vlog就是他们缓解寂寥的工具。其参与感和沉浸感也会远远高于此前各种视频内容形式。

我们要做的，就是让用户融入视频内容中，这种亲密感、参与感是此前众多内容形式难以做到的，对于孤独的年轻人却有着巨大的吸引力。

（3）相同的日常化趋向

某种意义上来说，Vlog作为一种影像内容，本质是"互联网直播"与"电视真人秀"的综合体：尽管最终呈现出的是经过编辑的视频，与观众有一定时间差，但是它所展现的内容并不是真人秀的戏剧化情节，而是与直播极为相似的"普通人"的日常生活。这点恰恰正是与直播不谋而合的沉浸式体验——日常感。

开车、吃饭、做视频、睡觉……这些我们每天都会做的事情，就是这样日复一日的内容，透过Vlog的巧妙呈现，让我们在短时间内积累了大量的粉丝。或许，和直播比起来，我们拍摄的内容不是最劲爆那一类，但是通过视频记录自己日常生活这种形式正在呈几何倍数的增长。包括众多网红、明星在内，记录并分享日常生活正在取代短视频成为时下最潮流的一件事。

（4）两点一线年轻人的"视界"

很多人不明白，为什么一个普通人记录日常生活中的吃喝拉撒睡，怎么就成了Vlog博主，怎么就能让用户有沉浸式的体验？

顾名思义，沉浸式体验是提供参与者完全沉浸其中的体验感，使用户有一种置身于虚拟世界的感觉。

举个简单的例子，现在很多年轻人都过着两点一线的日子，为了工作和生活，人们生活的节奏越来越快，每个人都很忙，能一起相聚游玩、打牌、喝酒的机会越来越少。那么，这些每天晚上回到家看看各种新奇的Vlog，也算是一种打发无聊时间的解闷儿方式吧。透过这种方式，我们可以在Vlog里寻找我们"理想的生活"。既然现实不允许我去寻找诗和远方，那我就在Vlog里实现。

从量变到质变一直是我国互联网企业的常规路径，在前面我们说过，Vlog作为舶来品将这一新颖的内容形式带入国内后，市场也由此出现了先有内容、后有平台的情况。所以今天我们看到了几乎所有的内容平台都在发力布局Vlog。而越来越多的Vlog制作者和平台加入，也令尚未成熟的市场变得更加有序，呈现良性的发展态势。

毕竟，若有一种方式可以帮助我们持续"杀时间"解闷，没有哪个"孤独"的年轻人不喜欢沉浸在自己喜欢的Vlog世界里。

5.3.3 / 构建更强大的直播UGC社区生态圈

在全民网络直播的今天，主播可以通过直播将自己的特长、特点、才艺展现给观众，这就属于直播UGC。而UGC的核心问题是怎样构建用户激励机制，让用户生产优质内容。

现在不管是直播行业还是新兴的Vlog，移动互联网已经逐渐渗透到各个行业。在未来，市场构建更强大的直播UGC社区生态圈是必然趋势。

第5章 Vlog运营：巨头围猎下的流量"解药"

在《认知盈余》一书中，克莱·舍基认为：在互联网时代，人们利用工作时间之外的盈余时间进行分享和创造，为人类社会创造了宝贵的财富。

人们为什么会在互联网上进行内容创造？

通俗地说，就是工作要求、物质激励。例如，一个作者发表文章可能是出于工作需求，也可能是受稿费的驱动。稿费驱动可以理解为：成就感、自我实现的价值等。比如，我写这本书没有稿费，但是有读者认同，我依然会有一种成就感，觉得我自己是对读者、对社会有价值的人。简而言之，留住这些作者的方法可以简单归结为物质激励和精神激励，让创造内容的人获得满意的利益，才能支撑他们持续产出，创造更多优质的内容。

很多社区在早期运营阶段，平台的运营者都会跟用户保持紧密的联系，这种情感维系手段基本是短期有效、长期无用。换句话说，这并不是一个可持续的策略。人的精力毕竟有限，任何人都无法保证永远充当一个"小棉袄"的角色，去维系与用户的关系。除非你能找到自己的"种子用户"（也叫潜在用户）。就Vlog来说，也就是最早一批对你拍摄的内容产生认同感的用户，这些人因为对作品有共鸣，他们希望更多人认同这个Vlog。实际上，不管是多么优秀的平台，有生产意愿的用户永远是少数，大部分的用户都是作为围观者、参与者的角色在消费产品或者内容。所以找到潜在用户最常用、有效的方法就是"邀请制"。

基于Vlog本身的定位，平台自然会先寻找那些符合平台调性的"达人"。这些人首先是有生产能力的人，其次能保证产出高质量的内容，最后这些人应该是有意愿的人，愿意为平台创造内容、贡献内容的人。

邀请制的好处是能够把控好产品调性和内容。收到邀请的人，既然已经经过官方的筛选，至少生产的内容可以最大限度地保证质量。而生产内容的用户控制在小范围内，便于平台把控内容的方向。

更重要的是，UGC开放社区平台，只有基于共同利益的合作才能长久。UGC社区运营的核心工作是让Vlog作品和潜在用户形成互惠互利的关系。以下几点是基于Vlog目前的发展态势，关于未来UGC社区建设的核心问题构想。

(1) UGC社区的内容成本

UGC社区的内容成本由三个元素组成。

- 体力成本（内容生产时的体力劳动）。
- 技术成本（使用工具的成本）。
- 智力成本（独立外部环境的创作能力）。

这些成本形成了用户在社区贡献内容的门槛。我们可以将Vlog内容生产看成一个将多种信息元素依照某种信息流规则编码的过程，而用户阅读信息则是解码的过程。体力成本、技术成本、智力成本都是在信息编码的过程中产生的。一个完整的UGC社区内容通常由这三种成本构成，区别在于每种成本的占比结构略有不同。用户的智力越高，提供的内容越优质，平台的成本也越高。

(2) 内容供给成本的压力

在这个现实的商业社会中，UGC社区提供内容的用户，最初他们在没有做原创内容之前，是难以通过提供内容赚取高额金钱的。当他们一旦知道在社区，自己提供的Vlog能够获得金钱回报，那么接下来他就不会以低价或者风险思维去提供内容。

用户提供什么内容，平台就要承担相应成本。伴随着"网红经济"的普及，越来越多的运营者开始意识到自己为社区贡献的内容是有价值的，这也意味着UGC运营的成本还会不断增加，想办法解决来自内容供给成本的提升压力，才更容易建设一个良性的UGC内容社区。当然，有些人愿意免费在UGC社区平台上提供内容，主要是出于把生产内容当作一个兴趣，他们从来没有想过自己有朝一日可以通过生产优质内容赚到钱。

任何一个UGC社区，只有一个健康、强大的生态圈才能吸引源源不断的用户，支撑起一个新事物有序地发展，走得更远。

第6章

Vlog变现：捕捉风口红利期，人人都是Vlogger

一千个Vlogger就有一千个故事。

优质的内容始终是独立Vlogger手中最有重量的砝码。

别害怕，去拍大片吧！

短视频新动向：**Vlog** 创作与运营指南

6.1 / 站在 Vlog 的风口上，人人都是 Vlogger

6.1.1 / 欧阳娜娜、王源入局，明星亲民化的自我修养

两个聚焦短视频流量红利的平台，两位有影响力的年轻艺人，一个正在我国悄悄兴起的全新视频形式，Vlog 正在以我们意想不到的速度触发一场生活记录方式的新变革。先来看看最具代表性的两位 00 后艺人是如何用 Vlog 写视频日记的。

首先是欧阳娜娜，她的每一条 Vlog 都是日常，包括去宜家买床、在公园听爵士乐、去纽约看秀等。我们看到，那个"加油"鹿小葵已不再，取而代之的是更加真实的"元气娜比"。她的每一条 Vlog 都有上百万的点击量，圈粉无数，也因此被称为"国内明星 Vlog 第一人"。"Vlog 小公主"欧阳娜娜的留学 Vlog，吸引了一众粉丝蹲点等待更新。

另一位是和欧阳娜娜同岁的王源，18 岁的生日是一个少年走向成熟的重要节点。这一天，王源在微博上连续发布了 4 条 Vlog，记录他筹备 18 岁演唱会的众多瞬间，微博超话也打出了"王源首支 Vlog"的标签。

国内 Vlog 最大的特点，从一开始的 PGC（专业团队生产内容）转向

如今的UGC（用户原创内容），优势内容淹没于海量的信息之中，愈发难以脱颖而出。

林允、张歆艺、张雨绮、吴佩慈、王鸥、大S……这些都是知名的艺人，单集片酬过万的明星们如今也逐渐下场露脸，大方公开自己的日常生活。很多人好奇，Vlog怎么就忽然变成"流量小花们"的必争之地了呢？难道短视频行业的风向真的要变了吗？

（1）明星塑造形象，素人表达自我

首先是明星们无法遮掩的"强需求"。"强需求"指的是产品（Vlog）能为用户解决强痛点，进而对用户产生强吸引，让用户对此产品产生非常强的依赖感。

尽管微博上的强大粉丝和各种营销号的传播，已经基本满足明星的营销诉求，但如果一个明星频繁登上微博热榜，有时热度太高似乎也不是什么值得庆幸的好事，高饱和度的微博曝光意味着背后的审美疲劳，可能一不小心就成了众矢之的。

而抖音、快手等短视频平台，则需要明星的模仿能力、综艺感等才艺，对于那些没有什么标签特色的艺人来说，卖萌装可爱恐怕也不是长久之计。而Vlog的出现恰好缓和了这其中的尴尬。在普通人的脑海里，女明星总是穿着晚礼服，不食人间烟火，而Vlog中的明星却完全是日常化的平民形象。Vlog满足的，是明星们呼之欲出的强需求。

（2）素人无法割舍的强表达

Vlog不需要在15秒内呈现强大的搞笑能力，也不需要某些营销里的"虚假繁荣"，我们在镜头前呈现自己最朴实、最真实的一面就是最好的内容，比如起床时的挣扎、减肥时的崩溃、"撸串"时的豪放，越普通，Vlog反而显得更真实，用户的反馈反而越好。不只是明星，素人同样只

需自然而无需专业。Vlog上的内容，不需要矫揉造作的专业角度，也不需要高标准的知识体系，我们只需要表达出自己生活中特有的气息，就有可能获得一票高赞。有些在B站上的素人选手拍摄的Vlog，已经能达到百万级的播放量，一个个"平平无奇"的生活，通过Vlog的诠释都可能变成路人追捧的东西。

在网络上爆红，成为大众口中的"网红"，是很多年轻用户期待并盼望的事情。但在各类"网红"端口逐渐饱和的今天，Vlog端的空白和开放无疑为我们普通人提供了广阔天地。与挠破头皮思考短视频场景相比，Vlog既能记录自己的日常，又能作为内容的输出，确实好操作得多。拿起自拍杆，架上云台来一场说走就走、说拍就拍的街拍吧！

6.1.2 / 人人都能成为Vlogger，现在入局是最好时机

当拍照成为互联网的常态，手机随之改革，无论是主打拍照主题的手机，还是普通功能的手机都无法再忽视拍照功能的创新。新事物的兴起必然会影响硬件和软件的变革，区别是影响的先后顺序不同。

Vlog的兴起也必将影响和带动行业创新。比起拍摄照片，拍视频要难出好几个高度，比如颤抖是很多业余玩家的软肋。为此，华为手机推出了以AI技术为依托的"智慧防抖"技术，通过专业的AI算法自动识别物体周围的边缘，通过校正解决颤抖造成的画面模糊或者位移等专业问题。所以，这势必会影响今后AI技术的迭代升级，从识别精度到计算都更加完善。

第6章 Vlog变现：捕捉风口红利期，人人都是Vlogger

再比如前面提到的大疆科技发布的专为Vlog拍摄而打造的口袋相机，在解决抖动问题的同时，还具备智能跟随功能、AI识别人脸功能等，"黑科技"十足。

这也是很多想要尝试Vlog的人疑惑的一点，人人都能是Vlogger吗？

这波Vlog浪潮，从照片到视频，再到Vlog，表现形式的升级，都预示着我们对硬件和软件的要求越来越高。我们可以理解为摄影功能的进一步延续升级，而Vlog则是未来风口下一波大增长的推动力。Vlog冲出小众圈是必然趋势。

人人都可以成为Vlogger——普通人的Vlog爆红之路。

2019年8月15日，有"短视频界奥斯卡"之称的金秒奖名单公布。其中，最重磅的"最佳短视频"奖项由Vlogger"燃烧的陀螺仪"获得。

金秒奖主要围绕个人IP、商业价值、优质内容、垂直领域、创新创意等多个维度设置的奖项，包括"最佳短视频""最佳Vlog"在内的29项大奖。相较以往，这一届最大的亮点在于Vlog成了新的宠儿，涌现了一批如"燃烧的陀螺仪""板娘小薇"等凭借Vlog斩获大奖的短视频创作人。

Vlog冲击金秒奖的背后，体现的是顺势而起的Vlogger与垂直短视频创作人在赛道上的竞争。拥抱风口，人人都有机会成为Vlogger。这位"燃烧的陀螺仪"并不是明星，他的另外一重身份是中国南方航空的飞行员，很多用户亲切地称他为"机长"。他的获奖Vlog名为"今天和消防战士们一起训练一波，走着"。"机长"在获奖后接受采访时说："一开始真的没有想过获奖，当初是朋友希望我帮他们消防支队拍一个宣传视频。"

但是，为了拍好这条只有56秒的视频，他运动镜头拍摄了大量特写，消防员从训练口哨声响起到参与救援演练，通过他的镜头完美呈现给观众。这条Vlog既有强烈的节奏感、代入感，又保证了信息密度，整条拍摄风格与消防员的干净、快速、有效率的职业形象非常匹配，让观众了解了消防员不为人知的辛苦，明白这些人更值得我们尊重。

"燃烧的陀螺仪"不仅在抖音平台大受欢迎，他在西瓜视频上发布的上百个视频作品几乎都是Vlog，其粉丝量不断增长，越来越多的创作者开始模仿他的风格加入Vlogger的行列。

虽然大部分人只是业余视频拍摄爱好者，但凭借独特的视频风格、精湛的剪辑技术，将平淡而琐碎的日常生活Vlog变得如同大片一般高端酷炫，在短时间内收获了大量粉丝。

对于Vlog这类内容来说，考验创作者的不只是内容创意或用户的喜好，还有创作者本人的生活态度、人格魅力。倘若是没有自我表达的生活记录，不管你是"燃烧的陀螺仪"还是"熄灭的陀螺仪"，对用户来说都是肤浅、索然无味的。

那么，"燃烧的陀螺仪"拍出来的Vlog究竟有何特殊之处？该账号能够持续走红，除了内容的前后期风格转变之外，还得益于以下几方面因素。

（1）符合Vlog的内容趋势潮流

短视频的流行，再次将普通人的表达欲放大，而随着手持终端设备的普及，Vlog在内容行业已是大势所趋，越来越多的年轻用户选择Vlog这种个性化自我表达方式。近两年涌现的Vlog内容平台，2019年抖音、微博掀起的Vlog风潮，都是Vlog大势所趋的体现。在大环境向好的优势下，选择Vlog作为内容切入点，显然更容易站在Vlog的风口上脱颖而出。

（2）精湛的剪辑技术

当Vlog这种形式的内容开始泛滥时，就需要进一步细分，找到核心差异。抖音是碎片化内容平台，过度娱乐的内容泛滥，Vlog这种风格反差较大的内容反而有一定的上升空间。"燃烧的陀螺仪"内容节奏感较强，视觉效果胜过讲故事本身，技术性更高，这点不同于抖音上其他Vlog红人的叙事风格，而这正是他的核心差异化优势。"燃烧的陀螺仪"虽然是在做Vlog视频，赋予了内容更强的节奏感和视觉冲击效果，他擅用剪辑技术，中和了Vlog本身平淡的特点和抖音整体的浮躁风格。"燃烧的陀螺仪"本人也不吝于向大家分享他的剪辑经验和技巧，他会经常在微博整理分享干货，出视频教程。

Vlog本质是记录生活，但如何让记录变得更具观赏性，则需要具备较高的剪辑技巧，无论是脚本的撰写、BGM的挑选、转场的衔接、节奏的把握、拍摄设备的选用，都对专业度和审美水平有一定要求。这也是衡量Vlog质量高低的一项重要标准。

（3）自带仪式感的标签

"燃烧的陀螺仪"在抖音开设了"幸福生活中的仪式感"这个话题，他的走红也让仪式感这个词被更多人注意到。他所有的内容都围绕这个话题展开。他曾表示，建立这个标签是为了分享一种积极向上的生活态度，感染更多的人带着仪式感去做事，从不同角度感受与观察这个世界。

那究竟什么是仪式感？为什么拥有仪式感的内容能俘获用户的心？

在"燃烧的陀螺仪"的视频中，一顿早餐、日常洗漱、一束花、一次回家的经历……这些日常琐事都能被赋予生活仪式感。而"燃烧的陀螺仪"本人在剪辑方面的设计，赋予了内容更强的观赏性。在快餐文化盛行的当下，过度碎片化、娱乐化的审美，导致审美本身应有的庄重性逐渐消失，美感被降低为纯粹的快感。尤其是在短视频平台，这种现象更为严重。而生活中的仪式感，就是把原本普通平凡的事变得有意义，并对此怀有敬畏之心。

Vlog本身记录生活的功能属性决定了它的强仪式感特征。这种仪式感不仅是为了满足创作者自己的表达欲,同时也能够让用户在观看过程中感悟内容蕴含的生活气息,唤起观众内心强烈的认同感和共鸣。

(4)强粉丝运营

除了内容本身吸引力十足,"燃烧的陀螺仪"出色的粉丝运营能力也是保持粉丝黏性和活跃度的重要因素。

具体来说,主要体现在以下几个方面。

"燃烧的陀螺仪"的强粉丝运营

技巧总结	详细描述
重视粉丝沉淀建立粉丝社群	"燃烧的陀螺仪"沉淀下来的粉丝忠实度相对较高,也更容易进行下一步转化,从抖音到微博,再到微博超话,每一步过滤的同时都会沉淀一批粉丝。另外,他的微博和抖音内容调性一致,在粉丝沉淀的过程中,他的形象也逐渐丰满立体,前后没有割裂感
特殊的粉圈名称、粉丝称号	他曾在微博发文调侃自己是"燃烧的陀螺仪饭量管理委员会"后勤。村长、村民、村子等称号是"燃烧的陀螺仪"和他的粉丝之间的专属称呼。这赋予了粉丝和他本人关系的独特性,这种独特性加强了粉丝的认同感
阶段性的粉丝福利	"燃烧的陀螺仪"非常注重粉丝福利,他在重要节日、重要阶段,都会发放粉丝福利,这应该是大部分创作者的共识。例如春节、粉丝破百万、超话阅读量破1亿时,他都会通过微博抽奖,适当回馈粉丝

当Vlogger的人气积累到一定程度后,虽然内容创作仍然重要,但是创作者的个人影响力会成为维持用户黏性、实现更多商业变现可能性的重要前提。尽管"燃烧的陀螺仪"不是职业Vlogger,但从他的创作、优化、运营来看,他各方面的能力丝毫不输专业的运营团队。一个人就算没有明

星的光环，其优秀的创作运营能力，在大环境的助力和加持下，足以支撑他走红，至于多久才能红就是时间和运气的问题。

6.1.3 / 避免同质化，做个会讲故事的Vlogger

Vlog很大的一个看点是用户去看自己没有过的人生经历。从这个角度来说，Vlog的内容其实是没有任何年龄和题材限制的。因此，避免Vlog内容同质化的一个非常有效的方法，就是探索一个少有人涉足的领域。

目前，由于头部明星和网红的进入，很多流量惊人的Vlog内容都集中在吃喝玩乐方面，再加上目前主流Vlog制作者大多集中在90后这一年轻群体。相对来说，他们的人生阅历比较简单，这也使得大部分用户的Vlog题材都是探店、游记、生活记录、育儿日记、求学求职感悟……范围比较窄。

Vlog内容同质化的问题实际上是一个行业问题，想要从根本上解决Vlog内容同质化的问题，需要我们每个行业的从业者都去认真思考，努力探索，不断突破，解决同质化的问题。例如，一些做地质研究的科研人员开始分享自己野外工作的记录，这个过程也是科普的过程，是一种很有意义的记录和分享。还有一些职业比较特别的人，在线上打造自己的个人品牌，通过Vlog的内容分享有机会带动垂直产业的关注度。因此，还可以以团队的方式组织和实现Vlog内容的生产，挖掘、孵化更多蓝海领域的知识型红人。

放眼未来，2021年的Vlog内容市场注定会迎来一些比较大的变化。一方面，会涌现出更多专业级玩家，利用Vlog平台的新流量扶持，快速浮出水面。另一方面，那些无法持续输出和制作非同质化内容的Vlogger会被淘汰。

Vlog的内涵将不断被市场趋势和用户需求刷新，对于Vlogger而言，一切才刚刚开始。如何才能源源不断地产出个性化内容，其中最重要一点便是Vlog的故事性。

故事才是最重要的，这其实是最有资格定义Vlog的人——全球知名Vlogger Casey Neistat的名言，其他视觉效果都是辅助，Vlog最重要的是讲好故事。不管是镜头画面、字幕还是叙述人的出镜讲述，都是为了根据Vlog主题完整地叙事。加入精神内核，把Vlog影视化。

即使在互联网时代，人们也依然热衷于听故事。而讲故事的形式，对于在Vlog平台的信息传播同样是非常有利的。

Vlog是塑造品牌故事的完美载体，我们可以通过Vlog将故事传播到世界各地。但是在讲故事之前，你必须找到适当的故事题材。如果你认为自己没有故事可讲，下面的途径可能帮助你找到属于你的好故事。

(1)"虚拟自我，或理想中的自己"

例如，看偶像剧，看网文，追星，看网上的名人八卦，看成功者的创业故事、成功"神话"。此时，你会情不自禁地投入关注的内容中，是你的虚拟自我，是你自我想象的一个投射，这种感觉就是"好故事"的来源。

很多Vlog的爆红，不是靠抓住用户的某种痛点，而是给用户提供了"虚拟自我"的生活方式，给用户提供了想象中那个理想的自己。其实这些Vlogger为我们营造了虚拟自我的生活，是我们理想生活的投射。当然"虚拟自我"只是满足了用户情绪上的一种需求，就是人的底层情绪需求。

（2）故事+场景+情绪=走心的好故事

2019年年初有一部超级电影叫《流浪地球》，这部电影的演员，除吴京，大家几乎都没听说过，但这部影片却在十几天内票房逼近百亿元，看过的人都说好看：很正能量、很感动、很震撼。就这么一个简单的观众体验感，却在朋友圈内被热议与传播开了："没有看过的人赶紧去看吧！"

对于《流浪地球》来说，无非是两个吸引点：一个英雄的故事，一个炫酷的场景外壳。这个故事讲述的是2075年太阳即将毁灭，人类试图带着地球一起逃离太阳系，寻找人类新家园的故事。这部影片的场景是极具重工业美感的科幻机械设计。影片触发了观众内心有关人类命运共同体的正能量情绪。显然，"故事+场景+情绪"把观众带到非同一般的故事场景中去，带给了观众不一样的感受。

（3）找到头部关注点

一个IP形象，一个IP情怀故事，一个IP符号，可以通过Vlog去表达与传播，快速实现IP的势能影响。

头部关注点是我们对所传播信息内容挖掘的首要目标，就是要找出这个Vlog中最能打动受众的、最被受众关注的那个"点"。"头部关注点"往往是从挖掘"自身优势"和挖掘"用户体验"这两方面考虑。这个点，可以是具体的内容核心特质，也可以是用户体验感知，比如故事、情怀、仪式感、热议点，或者是人性的"贪痴嗔"。痛点、痒点、爽点都可能成为"头部关注点"。从而制造有价值的内容传播，将Vlog的传播优势发挥得淋漓尽致。

（4）大导演养成记：从记录快乐，到制造快乐

很多初学者认为，自己没有明星光环的加持，拍出来的东西不可能像欧阳娜娜拍的Vlog那样可看性非常高。实际上，不可能所有Vlogger的生

活都像明星那样多面且充满戏剧性。但是，没有明星般的生活，就不值得拍Vlog了吗？

如果你是Vlogger新手，可以参考众多Vlogger拍的主题模版，从中选择一个你认为最擅长的尝试拍摄。例如，#Travel Vlog#（旅行）, #get ready with me#（出门准备）,#study with me#（一起学习）、#daily Vlog#（日常）等话题。

在国内有一个生活类Vlogger代表，昵称为"平凡料理"的王晓光，他平时喜欢带观众喝咖啡、喝奶茶。从2016年6月开始拍摄Vlog至今，他已经拍摄了100多期。他最擅长拍摄的素材是真实而普通的街景。

2017年8月，王晓光拍摄并上传了一支名为《世界第一的花火大会》的Vlog，内容是他将各类素材剪辑而成的作品。

这支Vlog中，夜空中的花火似乎和我们平常看到的烟火没有什么不同，但它吸引观众的点是王晓光在Vlog中配上了朋友写的诗，为观众演绎了一场诗情画意的花火大会。也许生活中真实的风景并不总是新、奇、特，能否记录下生活中的美好，运用语言文字、画面、音乐表达出来，就要考验Vlogger的实力了。但如果它的记录者——Vlogger有"导演"一样的能力，拍摄记录真实生活的同时，能用自己的方式和对生活的态度，为用户制造不一样的快乐，那些生活中平凡的片断也会因为我们而变得闪闪发光。

6.1.4 / 不要成为为了拍Vlog而拍Vlog的人

如今，在Vlogger活跃度最高的B站，并没有将Vlog单独分区，Vlog

视频可以活跃在B站的任何版块。

维斯是来自美国奥本大学的一名学生，他还有一个身份是Vlogger——活跃在B站的UP主。他经常在B站上传自己的Vlog作品，分享自己的rap音乐内容、拍外国同学看国产视频的反应、记录日常生活……他的个人主页一年累计发布了188条Vlog视频，积累了1.6万的粉丝。

和明星、网红比起来，Vlogger更亲民、更自然，弱化包装，不像是一个需要被追随的人，更像是用户的一个邻居。

另一个名为结巴老爹的Vlogger和维斯形成了鲜明的对比，他退休后开始让儿子帮他拍摄Vlog。用儿子林勇的话说，一开始拍Vlog只是为了帮父亲填补退休后的空闲时光。结巴老爹作为美食UP主，拍摄的内容多掺杂着一些买菜、煮饭等日常活动。拍摄不到半年就积累了22.2万粉丝。

还记得我们在开篇提到的"中国Vlog第一人"孙东山吗？

孙东山说，虽然自己现在看似已经站在国内Vlog生态链顶端，但是对未来，他依然充满担忧。国外的Vlog发展路径是从工具性转为娱乐性。但国内的发展就像被打了一针激素，直奔娱乐化。虽然Vlog的门槛很低，但是要拍出高质量Vlog的门槛却越来越高。他始终提醒自己，要拍有价值、有趣、有思想的内容，具有个性的Vlog是不能被量产的。不能为了利益、为了拍Vlog而拍Vlog。不说Vlogger的生活内容的千差万别，单纯论创作态度，很多Vlogger都不及格。

Vlogger会越来越多，但好的Vlogger不会越来越多。在今天这个过度分享型的社会里，一个好的Vlogger需要掌握一系列的技巧并提高自身修养，尽量避免给观众留下自恋的印象，因为对着镜头叙述的Vlog比任何视频模式都更容易让人看起来过于自恋。

如果你正经历这种困惑，或许可以参考以下建议，通过Vlogger基本素养的修炼，继续为用户创造价值的Vlog。

Vlogger的基本素养修炼

类别	技巧总结	详细描述
基本素养	分析	根据计划完成情况制订新的计划
	用心	记录用户信息，挖掘用户需求
	主动	主动学习并为用户唱歌
	生活	养成固定拍摄的习惯
	形象	设计好视频背景和视频效果
	自信	保持微笑，提升气质。不弯腰驼背、垂头丧气
	坚持	忌三天打鱼两天晒网
	感恩	感谢用户收看
	沟通	积极回答对方的问题
	互动	专心与用户形成良性互动
互动技巧	拍摄前准备	提前准备好小故事、笑话，避免拍摄时冷场、无话可说
	粉丝维护	建立自己的粉丝群，也可以制作简单的小礼物维系关系
	寻找共鸣	寻找与用户的共同话题，而不是自说自话
拍摄期间的注意事项	拍摄服饰	浅色系为主，禁忌黑色、灰色等颜色压抑的服饰
	歌曲选择	欢快DJ曲目为主，也可以是热门音乐，适当放些经典老歌衬托气氛也是好的
	心态调节	流量多了不要得意，流量少了不要气馁
	传递正能量	避免在自己心情不佳时拍摄，不向用户传递消极情绪，毕竟用户看Vlog通常是为了放松心情
	注意言行	说普通话，不要辱骂用户。即使在评论中遭遇用户辱骂，不可动气回骂
	镜头距离	调整摄像头和自己的距离，画面、画风要和谐
	控制情绪	无论用户是停留还是离开，保持平常心
	避免"打劫"	不要跟不熟悉的用户伸手"打劫"，试着先与用户做朋友，增加互动性

6.2 普通人的Vlog如何商业化——提高商业价值

6.2.1 全球Vlogger都在面临的难题——提高商业价值

疯狂烧钱的时代已经过去，当我们有了足够多的用户和流量，就要开启新的商业变现之路。传统的市场几乎都是约定俗成的"物以类聚"，什么意思？例如，要去买日用品，就去百货大楼；要买服装，可以考虑服装市场；要买家用电器，可到电器市场。而社交传播时代，我们突然发现了新的现象，如万达广场，一家集休闲购物餐饮娱乐一体化的购物中心，书店、餐厅、服装、烟酒、超市、娱乐、家居等各种不同品类的店同时出现在同一个商城。这意味着，无论是线上还是线下，市场越来越以"人以群分"的原理在划分，市场的推广越来越关注与聚焦人的"群体"属性。人们之所以会购买你的产品或者服务，就是因为他们有一些亟待解决的问题。同样的道理，现在成为Vlogger意味着什么？真实情况或许比观众们想象的还要辛苦很多。一名职业Vlogger不仅要时刻紧跟市场，拍摄用户喜爱的Vlog，还要不断提升自己的商业价值，这是变现的基础。但现阶段Vlog所面临的最大困境便是商业化难题。

在变动的当下，我们往往先尝试，然后才是思考。在国外，YouTube 的商业扶持已经非常成熟，2016年，海外Vlogger鼻祖Casey以2500万美元将自己的媒体公司卖给了CNN，这笔巨额交易也成了海外Vlogger历史上的一个里程碑。反观国内，近两年来随着Vlog的普及，资本的加持一直未曾停歇，但真正能够称之为里程碑式的大动作几乎为零。尽管人们也能看到国内平台正在试图建立符合我们国内市场的健康生态。

国内第一批Vlogger——王晓光、井越、冉发财，包括一闪Onetake的CEO飞猪等是最早成长起来的一批用户。其中，王晓光经常通过Vlog分享一些人生哲学，他自己总结出来的一条定律是，对他来说Vlog最大的价值是娱乐价值。但无论是哪一种价值，你的视频都不是用户必看的东西，这是一个很难的觉悟。而我们要做的就是创作有深度和质感的内容。而不应该止步于吃饭逛街、见朋友、去旅行。

对于普通用户来说，那些成熟的Vlogger突围了，然后呢？

一个著名的案例是，在2017年奥斯卡颁奖典礼上，播放来自YouTube的知名Vlogger为三星拍摄的广告片。不止三星，这位来自美国的Vlogger通过拍摄Vlog带来的巨大流量，已经与多个知名品牌进行商业合作。但不是所有的Vlogger都能如此，职业Vlogger总要面临商业变现的问题。

（1）精准定位，搞清楚受众与用户以及传播的目的

一条有价值的Vlog视频，需要有精准的内容定位，需要搞清楚受众与用户以及传播的目的（见下页表）。

（2）能够收割红利的三类Vlogger

对于新形态的内容生产者，嗅觉最灵敏的莫属"网红批发中心"——MCN机构。"贝壳视频"于2018年9月开始尝试Vlog试探，旗下有近10位

第6章 Vlog变现：捕捉风口红利期，人人都是Vlogger

搞清楚受众与用户以及传播的目的

技巧总结	详细描述
搞清楚用户	搞清楚用户是谁？用户有什么样的特征？搞清楚用户，才能做好内容的精准定位
	搞清楚Vlog要达成怎样的传播目的：是用于提升品牌认知度，是提升销量，还是新品的解说发布——搞清楚视频目的，才能更精准地策划表达的内容。这点也可以参考前文的"用户画像"
用户的体验效果	Vlog内容要能让用户产生情绪共鸣，也就是受众看了Vlog后，被视频传播的价值或情感所记忆或触发
	用户的消费促动与购买转化：受众观看Vlog后能否激发互动转发分享，或者购买行为。当然，要达到这两个目的，Vlog内容的创意也很重要
好的短视频要符合的标准	内容要有聚焦：结合Vlog表达的首要目的，内容要聚焦表达一个最首要的内容，让这个首要内容或重要场景不会被次要内容所干扰
	内容联想性要强：效果好的Vlog，在内容风格上与品牌人格形象上具有更高的关联度，让受众产生更连贯的品牌认知

Vlogger在进行Vlog的拍摄与输出。但不是所有经过MCN机构包装的Vlogger都能成为网络红人。总体来说，能够收割到Vlog红利的Vlogger大致三类：

① 拍摄猎奇类内容的Vlogger；

② 现有的大V，凭借自己本身的影响力拍摄不同内容形式的Vlog；

③ 生活方式引导者，通过拍摄特殊题材和剪辑形式记录不一样的生活。

站在风口上，谁都不想错失新机会的入场券，但对于大部分Vlogger，他们还在观察研究阶段，在还没有获得太多红利之时就先死掉了。

6.2.2 / 内容变现、平台补贴呈良性发展

《Facebook效应》一书中有一个著名的观点——广告（营销）将变成内容。而好的Vlog少不了高品质的内容。

知名厨师热尼·布里托鲍尔在20世纪90年代中期从艺术学校辍学，目的是追求自己制作冰激凌的梦想。起初，她在俄亥俄州开了一家小商店，而今已经在五个州拥有近20家热尼冰激凌连锁店，全美各地数千家杂货店都在销售她的产品。热尼的成功，不仅是因为她能做出美味独特的速冻甜点，更因为她善于利用有品质的内容做传播推广。热尼的冰激凌小店在经营了十几年后，她出版了一本名为《热尼的私房冰激凌》的书，介绍了许多很赞的配方，教读者在家里制作自己喜欢的冰激凌。此书同时在实体书店和网络媒体发布，一经发布就成了《纽约时报》评选出来的畅销著作，还得到各大媒体的好评。在这之后，热尼开始应邀参加本地和国家级的电视节目，传授制作冰激凌的经验和心得，实现了品牌二次传播。随着热尼的知名度越来越高，喜欢她冰激凌的人也越来越多，她的小商店很快就发展成了一个全国性的品牌。

热尼用自己的热情和专业知识，把经验心得分享给他人，为她的冰激凌赋予了一个不朽的品牌形象——这就是高品质内容的力量。

这一点，我们在日常生活中都有体会。刷微博、微信朋友圈，没有谁会无聊地无限次点击广告，而是习惯把目光锁定在感兴趣或有意思的内容上，哪怕只是名人发了一张无关痛痒的照片，或是他人发表的能触动心灵的小文章，我们都不会错过。因为我们关注的是内容本身，是对方的生活

第6章 Vlog变现：捕捉风口红利期，人人都是Vlogger

态度以及情感。如果朋友转发了一条包含着广告信息的视频和图片，而标题以"你不得不看的××"，我们也许会带着好奇心去点击，一看究竟。这是互联网用户特有的习惯。

越是在信息爆炸的时代，内容越是会吸引人。究其根本，是人们害怕自己被遗忘，而遗忘的第一步就是，根本不知道外面的世界发生了什么事，也不知道身边的人发生了什么事，这种心理促使我们积极获取信息，获得自己想要的内容，甚至积极地创造与自己有关、与自己的圈子有关、与自己期待被关注的群体有关的内容。

那么，短视频靠什么实现变现？当然还是"内容为王"。尤其是在广告模式中，内容是Vlog广告打动用户的第一要素。

目前，各大Vlog平台或内容创作者几乎都是以流量为价值基础，逐渐向内容付费模式靠拢。除了创作者通过兴趣、知识、兴趣和用户直接或间接地建立某种交易的关系。平台方面也会推出会员免广告及一系列的增值服务，为创作者带来可观的收益。

抓住内容经济下的知识付费模式红利。

在今天这个自媒体时代，每个人都可以自由选择个人发声的媒体平台。当今社会是一个"人人可以生产内容"的社会，人人都可参与主张，人人都可发声，人人都可以分享，人人都可以受到他人的关注。相对于传统媒体，自媒体传播是去中心化的，它消除了传统门户媒体单一发声的短板，让过去的"信息不对称、渠道不透明"等被瞬间打破。

在这个时间越来越"碎片化"，传播越来越"自媒化"的时代，生活、工作、社交已日益交织在一起，社交化媒体，让传播得到了势能的扩散，生活化Vlog基于日常生活内容，融入了商业交易。而"碎片化"的时间付出模式，知识付费成了一种稀缺的社交货币，谁能让更多的用户为你传递的内容付费，谁将拥有更多的回报，哪怕是用户的关注、互动、反馈，而不仅仅是成交与购买。

（1）内容经济下的知识付费模式

在知识付费模式中，Vlog依托内容直击用户需求，寻求与用户的情感共鸣，从而实现消费转化。优质的内容和KOL是驱动用户为Vlog付费的主要因素，而高质量Vlog内容的持续输出，是未来用户内容付费模式前景利好的关键。随着监管机制趋严、娱乐内容同质化凸显，短视频内容生态加速进化，发力原创、优质内容，是Vlogger提升Vlog内容价值和差异化竞争力的着力点。

（2）把握用户和市场需求

我们可以在任何一个时间段掏出手机花上15秒、1分钟，快速地消化这个碎片化时间。但我们却很难在碎片化的时间里花大量的时间去读一篇超长的文章、漫画甚至电视剧。这也是为什么今天做短的综艺节目越来越流行。因为生活在都市里的核心消费群体，生活压力大，他们的注意力和时间不允许他们浪费时间去接收海量信息，他们只能选择用一种更快的方式接收信息，这是用户和市场的需求。

（3）Vlog内容应有系列性

Vlog内容应有系列性。系列微电影加电商是一种很好的变现方式。我们在拍摄Vlog前应先规划一个主线或者故事主题，并一直持续拍下去，包括动画微电影、真人微电影这样的载体。这是把Vlogger培养版权产业人才的一个重要方向，也是未来互联网文化产业发展的一个重要的方向。

（4）内容原则：热点、好玩、专业、价值

国内平台对于Vlog创作者的扶持方式，和对其他内容的扶持方案大同小异：包括内容、用户、渠道运营以及各式补贴，在Vlogger粉丝基数达到一定程度后，就可以考虑自媒体的广告变现，广告变现的可能性在于

Vlog内容的设计与策划。主要体现在Vlog上自传播内容的可读价值，内容有血有肉，能够让用户觉得"有用""有料""有趣"，Vlogger打造优质内容的原则见下表。

Vlogger打造优质内容的原则

原则总结	详细描述
好玩有趣	生动有趣的Vlog内容更容易被传播，死板的内容一定不会受欢迎，如果由一个很有意思的话题引出来的Vlog，大家就会有兴趣继续关注，或者转发给自己的朋友，甚至实现病毒式传播
内容有价值	内容的价值性体现在给用户解决一些问题、增长一些知识、得到一些帮助、获取一定利益等，有时一条好的Vlog内容，人们读完后会选择珍藏，或者转发给亲近的圈子学习与分享，这就是内容的价值所在
抓头条热点	若Vlog契合了某一个热点，同样会引起人们关注。发现热点的途径很多，通常可以去微博热搜、百度风云榜、各大论坛等发现，让Vlog的特点和热点话题有机结合，更能引发用户激烈讨论，从而分享到朋友圈
专业独到	每个Vlogger都要有自己独到的见解，其专业度要高于普通观众，比如一些知名网红博主，自己对一些美妆护肤品有切身体验，通过Vlog与粉丝分享经验，同时介绍美妆专业知识，观众感觉他们权威的介绍非常契合自己的需求，他们因此可以获得大量的关注

6.2.3 / 品牌广告、互动广告——稳定变现的分成模式

短视频广告在引发用户关注、激发用户兴趣上逐渐与电视广告接近，成为广大用户青睐的一种广告形式。在Vlog短视频商业变现模式中，广告变现是最普遍的形式。从品牌广告到互动广告，在各大短视频平台上，

这种模式最为常见，广告价值也随之增值。

此外，随着知识付费来临，短视频的内容付费刚刚兴起，这种模式更多见于综合性短视频平台与专业平台，那么Vlog平台再适合不过。

放眼当前短视频市场主要呈现出广告模式丰富、自制内容加速、终端多元化发展三个特点。广告主通过平台或第三方投放广告，Vlogger能够从中获取不同程度的广告收益。

长久以来，商业变现是所有平台都在努力尝试跨越的一道鸿沟，最典型的案例就是过度商业化的知乎丢弃了最原始的东西——内容质量大幅下滑。因此，找到Vlog健康发展和商业变现之间的度很重要。

再稳定的变现模式也会随着新旧事物的交替而打破固有的模式。居安思危，当旧的传统被打破，唯有敢于刷新认知、抓住变革之机、引领时代的创新型企业才能在新的风口屹立不倒。要想顺利变现，前提是要有足够多的粉丝或者明确的调性。这些都属于头部Vlogger博主，而一些头部的创作者自身已经和广告商有合作。当Vlog发展到后期，很多Vlogger也会像其他KOL一样，成为MCN的一员，拥有漂亮的用户增长曲线。

而一个Vlogger是否成功，利润不是唯一的标准，不应单看Vlog里面可以植入多少广告，能带来多少利润，更要注重转化利润的能力。包括承担社会赋予的责任，从"以利润为中心"走向"以价值为中心"。Vlog的经济价值——有形的资产固然重要，Vlog的社会价值——品牌效应更重要。

Vlog自带传播分享的属性，其中关键的头部内容更易引发社会性传播，这亦是一种稳定变现的分成模式。

社交媒体时代，个人视角尤为重要，因为每一个人都有自己的移动设备，以"个体"为发声源，同时每一个信息受众也都是从自身"个体"的角度来过滤内容，符合"个体"的心智、情绪审美、利益机会或人性感知的内容，往往会优先得到受众的深入关注。

传播内容受到受众的关注，实际上是占用受众时间场景。占用受众的时间长短，是衡量这条信息对个体来说价值大小的标尺。受众在关注这条信息时，花费的时间是分期支付的。首先，标题用2秒，标题有吸引力，才接着再花费时间打开文章正文，否则，连打开这条信息的机会都不会有，内容再好也没有机会被看到。

总之，愈来愈丰富的Vlog广告模式逐渐受到广告主、品牌方认可，促进Vlogger整体收入规模的稳定增长。与此同时，Vlog平台加速对自制内容的布局建设，吸引了更多的用户关注网站，提高了网站黏性，促进了Vlogger影响力的提升，同时也促进了植入式广告、冠名广告等形式的快速发展。

6.2.4 / 流量分成，收割新一波Vlog红利

曾有媒体按照每播放1000次2.5美元的平均广告分成来计算，那么享誉海内外的Vlogger第一人——Casey至少从YouTube获得了250万美元的分成。

有专业机构对短视频的现状进行了分析预测：目前视频网站的高贴片率与日益增长的会员业务相冲突，而这部分的预算会逐渐流向短视频领域。到2025年，短视频广告体量会达到千亿元规模。

所以，即便Vlog现在在市场中处在比较尴尬的位置，但Vlogger摸索商业模式的脚步却从未停滞。

有一档知名的旅游节目叫《动旅游Vlog》，节目一开始就瞄准旅游，目的是为以后的相关广告投放做准备。

Vlogger粉丝的高忠诚度对变现来说非常有利，国内知名的Vlogger井越在2019年3月8日正式迎来第一个赞助商即刻APP。还有些Vlogger在知乎尝试知识付费，传授Vlog拍摄技术。即便现在的变现道路还处在摸索中，但我们在找准方向后，Vlog的成长速度其实比想象中的快很多。

除了接广告，Vlogger另一个变现途径是流量分成。

澳大利亚的知名Vlogger"是当归哦"除了在微博和B站上传Vlog之外，还会把视频上传到YouTube，通过播放量来获得YouTube的流量分成。很多人不屑，这点分成够干什么的？殊不知，这部分收入大概与国内普通白领的工资水平持平。

对于平台而言，一方面，优质的Vlog内容可以有效拉动一部分新增流量，帮助平台提升用户活性。而Vlog内容则是天然的"原生广告"制造器，产品的植入、品牌的露出都可以很好地用人格化、生活化的方式呈现给用户，用户看到这样的广告会很自然地接受。正因如此，不少平台都很看重这个领域的发展。

回到YouTuber、专职Vlogger诞生之初，他们仅凭流量就能获得可观收入，这对后来者无疑是莫大的鼓励。而当视频取得较高且稳定的点击率时，平台会为我们添加贴片广告，对Vlogger而言，这又是一笔丰厚的收入。

笔者见过的许多Vlogger会通过在镜头前大笑、哭泣、保留没对焦或破损的镜头等来增强其"刻意"制造的"真实"脆弱感。所以，从用户角度而言，目前Vlog所依托的平台虽缺乏直播中聊天、打赏这些让用户更有成就感的激发机制，但用户在专心收看影像作品的过程中可以更为直观地感受屏幕另一端Vlogger的情绪及思想，并引发强烈、细腻的共鸣。

反过来站在创作者的角度,Vlog与直播间内大家对主播的"全方位凝视"不同,Vlog相对于直播有一定的延迟性,正因如此才为个人隐私留有了余地,很好地保留了一定艺术主体性。Vlogger可以通过画外音、字幕、音乐等元素来对内容进行选择性渲染,对入镜的场景、人物、时间等拥有更大掌控。从这个角度来说,Vlogger对作品内容、传播方式有更多主动决策权。

在未来,流量变现的方式会越来越多,可分为以下几类。

(1)定向销售变现

来自购物或者产品类网站的流量,本身就具有一定的目的性。这类变现模式适合购物产品网站,通过Vlogger的介绍,用户在了解某个产品后,对这件产品有兴趣,有购买的愿望,这种流量价值较高,流量目的性很强,很容易产生消费,这种变现模式是高阶流量的典型代表。

(2)广告联盟变现

这种流量变现方式具有一定的定向性,与网站本身内容契合,Vlog内容与广告互补。这方面做得最好的当然是谷歌联盟,Vlog内容与广告匹配很好,其次是百度联盟。

(3)弹窗广告变现

假如网站有流量,但实在是找不到变现的方法,可以采取这种方式。可以说,弹窗广告没有任何技术和数据分析,适合"垃圾"网站使用,这是最低级的流量变现方式,一般来说,这种网站的流量价值本身就很低,流量来源没有确定目标。

(4)增值服务变现

权威网站回头客多,会员活跃,品牌忠诚度高,因此这种变现模式适合权威品牌网站。由于会员认同网站的价值,会经常访问或者发Vlog,

对于网站的增值服务，很多都会因认同而购买，如果说前面几种变现模式都是为他人作嫁衣，流量最终都引导到别的网站上面去了，那么这种流量变现的方式直接让流量的价值实现最大化，让用户就地消费，就地转化，是流量变现中的高级形式和最终目的。

以上四种流量变现模式，不同网站采取不同的变现方式。无论是哪一种方式，我们只有充分的对Vlog平台流量进行分析和数据挖掘，才能将用户和每支Vlog流量的价值最大化。

6.2.5 / Vlog+电商变现初具形态

变现是所有Vlogger的目标，而电商是大部分内容创作者都在采用的变现手段。纵观我国自媒体发展这些年，内容涉及三农、游戏、娱乐、搞笑等多个领域，形式多种多样。在不同领域里，变现难度不尽相同。近几年，随着用户数据挖掘助推商业价值的有效转化，"短视频+"商业模式极速推进。以"短视频+"为基础的电商模式正在成为热点，很多平台同时尝试通过搭建内容交易、用户付费渠道等，实现多元变现。未来，随着对媒介接触状况、用户消费习惯等多维数据的进一步挖掘，将推动短视频商业化向更成熟的方向发展。Vlog+电商就是其中一个非常有潜力的变现形式。

我国的版权制度越来越严格，基本形成了"头部玩家"聚集地，并形成了"艺人签约→节目制作→后期宣传→渠道传播→收入分成"这一完整体系。曾经火爆各大平台的综艺节目《火箭少女101》就是视频平台不断成熟的标志。很多平台同样做了很多事情去不断规范Vlogger制作出的

第6章 Vlog变现：捕捉风口红利期，人人都是Vlogger

Vlog，例如规定字幕摆放在固定位置，只能使用白色，使用APP内有版权的音乐等。这些"规则"的目的是更好地保证Vlog的质量，吸引更多人拍摄优质Vlog。

朋友阿B是一个名副其实的"90后"，阿B大学毕业后就回到了内蒙古锡林郭勒，利用当地丰富的物产资源，聘用了几名当地的贫困户，成立了一个工作室，通过拍摄Vlog对当地的农产品及特色产品做推销。如今，阿B工作室平均每天在都能接到几十个订单，他正走在带领乡亲们脱贫致富的路上。

很多人认为，Vlog不一定成就大的品牌，但是确实能够让更多普通的Vlogger在从事自己喜欢的事情同时还能获得收入，实现财务自由。

2019年被称为"短视频电商元年"，各平台竞相开启"短视频+电商"的商业化探索。中国广视索福瑞媒介研究（CSM）融合传播研究报告显示，Vlog短视频用户对短视频电商的接受比例最高，达到52.4%，高于广告的50.9%和内容付费的37.2%。Vlog平台积极探索电商变现模式，同时，电商巨头也在发力自身的短视频领域，"Vlog+电商"，正是未来各大短视频平台力推的一种变现模式。Vlog以其高渗透、高黏度传播重塑视频生态新格局，而Vlogger生产者与用户边界的消融，个人化诉求正在促成内容消费与生产强连接。这也是未来几年内，短视频下半场甚至是互联网文化产业发展的一个重要方向。

（1）未来方向是综合性的多元变现模式

看视频，逛店铺，当你登录多个短视频平台时会发现，在快手、抖音、西瓜等短视频平台，"Vlog+电商"的销售模式随处可见。

在未来的发展中，Vlog短视频会越来越重要，尤其是与电商结合模式，发展空间越来越大。到了短视频下半场，新媒体的红利已经过去，但短视频的红利正在从广告转向电商，未来"Vlog+电商"是一个标配。

在前面章节我们提到过,大环境的流量倾斜,大平台的扶持,让Vlogger获得流量红利成长更快。例如,在抖音10亿流量扶持计划中,一名叫张琳的Vlogger就通过Vlog+情侣+搞笑的内容形式4月份涨粉395万。不得不说,这些不同形式、不同程度上的扶持,开放、包容都让Vlog创作者有了更多成长的机会。

(2)几种简单的"Vlog+电商"内容形式规划

未来在全网流量和资源的扶持下,相信会有越来越多的Vlogger进入Vlog内容领域的创作,因此"Vlog+电商"的形式也将出现。

那么,Vlog电商怎么做?最后,向大家分享几种简单的内容形式规划,仅供有兴趣进入短视频领域的朋友们参考。

既然Vlog电商是Vlog内容形式的一种,那么这种形式无论怎样变化,都需要从一开始就围绕未来电商进行,以下是几种内容规划。

"Vlog+电商"内容形式规划

内容规划	详细描述
工作日常	例如,在IT公司上班的,或者在一些原产地、一线工厂上班,就可以给自己贴上能够接触到源头产品的的个性化标签
工作日常	通过Vlog内容传递自己不断在努力学习,吸引粉丝获得认同,最后通过普通日常的电商切换,发表自己进行电商创业的决心和计划
创业日常	目前在做淘宝电商或者线下开店人群非常多,可以通过Vlog记录自己经营店铺、创业期间的生活,传递自己在这些过程中坚持不懈、遇事不退缩的精神和能量,当粉丝认可你时就有可能和你产生交集

最后,要说明一点,在今天这个信息大爆炸的时代,很多人会有这样一个错觉——没有广告的平台就是"一股清流",有了广告就是赚钱的工

具，就不吸引人了。当然，站在用户的角度，他们并不排斥高质量的信息和平台的商业化。其实，比起广告，他们更厌恶的是没营养的"劣质广告"。因此，未来短视频领域的变现，最大的考验并不是完全抛弃商业利益，而是如何才能把广告的负面效应降到最低，把用户的价值最大化。用户的需求和用户体验会随着消费的升级、市场的竞争、产品的迭代、时代的变迁而阶段性的变化，无论何时，Vlogger都要清楚自己到底主张什么，到底要做什么，到底不能做什么，是变现的开始，后面的一切资源计划，都将围绕着这个核心价值去打造。

参考文献

[1] 罗世洁. 论一个Vlogger的自我经营策略——以@你好_竹子为例[J]. 今传媒, 2020, 28（11）: 133-136.

[2] 陆彦好, 吴文萱, 顾熠男. Vlog新闻的叙事模式创新——以《武汉: 我的战"疫"日记》为例[J]. 戏剧之家, 2020（34）: 155-156.

[3] 王梦雨, 刘博. 情感的社会交换: Vlog中的自我呈现与想象[J]. 东南传播, 2020（10）: 119-122.

[4] 刘芸汐. 主流媒体的内容制作与传播方式转型——以央视新闻主播Vlog为例[J]. 视听, 2020（11）: 175-176.

[5] 王乃考. 发生学视野下文化生产的历史与规律[J]. 现代传播（中国传媒大学学报）, 2017, 39（11）: 111-116+152.

[6] 刘欣茹, 陈权. 视频博客的创新、扩散与趋势探究[J]. 新闻世界, 2020（11）: 43-47.

[7] 李智, 柏丽娟. 记录与表演: Vlog青年创作者的自我建构策略研究[J]. 山东青年政治学院学报, 2020, 36（06）: 18-25.

[8] 董玉涵. "Vlog+新闻"模式的时政新闻报道创新——以"食贫道"的"武汉Vlog"系列视频为例[J]. 视听, 2020（11）: 177-178.

[9] 王子涵，赵鑫，李金玉，焦裕姝，王鹏. 基于Vlog的新时代大学生网络话语表达的现状及对策研究[J]. 戏剧之家，2020（33）：197-198.

[10] Boysen Yvette. Produce an 'Insider' Vlog Series[J]. Nonprofit Communications Report，2020，18（12）.

[11] 黄一铭. Vlog+新闻：媒介融合背景下新闻报道的新尝试[J]. 新闻论坛，2020，34（05）：56-59.

[12] 段霄旭. 从创新扩散理论视角分析Vlog的传播发展[J]. 视听，2020（11）：142-143.

[13] 李静. Vlog+纪录片：主流纪录片的叙事策略及传播创新——以《武汉：我的战"疫"日记》为例[J]. 青年记者，2020（29）：87-88.

[14] 焦丽萍，朱晓光. 主流媒体Vlog在抗疫报道中的实践及价值[J]. 青年记者，2020（29）：61-62.

[15] 王乃考，段钰. 网络视频直播时代文化产业管理的变革[J]. 青年记者，2017（24）：105-106.

[16] 郭乃伟. Vlog内容生产游戏化倾向及原因探析[J]. 视听，2020（10）：140-141.

[17] 李康馨. Vlog时政新闻的优势与不足——基于与传统记者出镜报道的比较分析[J]. 视听，2020（10）：173-174.

[18] 张桐. Vlog在新闻报道中的应用特征探析[J]. 视听，2020（10）：171-172.

[19] 何茜. 媒介融合视域下"康辉Vlog"的微博传播分析[J]. 视听，2020（10）：138-139.

[20] 李怡文. Vlog的日常生活叙事化探析[J]. 视听, 2020（10）: 136-137.

[21] 吴爽. 对网络社交"过度分享"现状的反思——以微录Vlog视频日志为例[J]. 艺海, 2020（10）: 91-92.

[22] 王乃考, 肖扬. 网络视频直播时代品牌营销的新策略[J]. 青年记者, 2017（23）: 116-117.

[23] 邹芷馨, 王喆. 旅行的意义: 从香港游记类Vlog探析旅行影像的网络社交化[J]. 视听界, 2020（05）: 76-81.

[24] 蔡斐, 罗辑. 疫情场景下"打卡日常"的集体记忆与自愈路径——以微博武汉Vlog为中心的观察[J]. 传媒, 2020（19）: 55-58.

[25] 蒋梦洁. 媒体融合背景下"Vlog+时政新闻"模式应用[J]. 新闻传播, 2020（19）: 63-64.

[26] 张子涵. 基于5W模式的Vlog新闻报道传播特征研究——以康辉Vlog系列报道为例[J]. 今传媒, 2020, 28（10）: 33-35.

[27] 李倩, 张力. 我国Vlog视频内容的生态特征探析——以B站头部UP主Vlog视频为例[J]. 青年记者, 2020（27）: 35-36.

[28] 刘巧荣. 重大公共事件中Vlog记录表征研究[J]. 西部广播电视, 2020, 41（18）: 31-33.

[29] 卢嘉裕. Vlog新闻的创意传播研究[J]. 中国报业, 2020（18）: 20-21.

[30] 黄志远. 从抗疫日记看Vlog的传播特征[J]. 新闻研究导刊, 2020, 11（18）: 120-121.

[31] 王正友, 喻言. Vlog+新闻: 重大主题报道的微观视角——以"央视新闻"微博Vlog报道为例[J]. 传媒, 2020（18）: 41-43.

[32] 王安妮，邰玉金. Vlog+新闻：短视频传播助力疫情报道[J]. 青年记者，2020（26）：71-72.

[33] 周楠. Vlog在抗击疫情传播中的价值建构——以《武汉：我的战"疫"日记》为例[J]. 青年记者，2020（26）：94-95.

[34] 胡广晶，刘洁. 注意力经济视角下的视频创作新形式：Vlog[J]. 戏剧之家，2020（26）：124-125.

[35] 周岩，路颖. 从Vlog到Plog：视觉转向的内涵、动因及反思[J]. 视听，2020（09）：21-22.

[36] 任奇伟. 自媒体语境下的Vlog发展分析[J]. 新闻研究导刊，2020，11（17）：243-244.

[37] 傅海鑫. Vlog新闻发展研究综述[J]. 西部广播电视,2020,41(17)：1-3.

[38] 冯紫薇. 探究新型主流媒体外事新闻的创新呈现——以康辉Vlog为例[J]. 今传媒，2020，28（09）：11-13.

[39] 闫彦. 社交媒体时代Vlog在政务新闻报道中的应用[J]. 西部广播电视，2020（16）：10-11+21.

[40] 曲红珊. Vlog广告的情感营销新思考[J]. 中国报业，2020（16）：54-55.

[41] 阿依波塔·巴合提，肖涛. 受众视角下新疆族际婚姻生活的数字化呈现分析——以短视频、Vlog为例[J]. 新闻传播，2020（16）：36-38.

[42] 王昱. Vlog新闻在媒体融合报道中的创新性运用[J]. 新闻传播，2020（16）：51-52.

[43] 张培. 权威重构：媒介情景论下"康辉的Vlog"研究[J]. 东南传播，2020（08）：130-132.

[44] 韩树丽. Vlog+新闻在新冠肺炎疫情报道中的实践应用[J]. 青年记者, 2020（23）：97-98.

[45] 佟菲. "Vlog+新闻"的叙事逻辑和未来思考[J]. 传播力研究, 2020, 4（23）：29-30.

[46] 苏佳. 5G时代主流媒体的"Vlog+新闻"报道[J]. 新闻前哨, 2020（08）：54-55.

[47] 王乃考. 用中国精神构建我国文化产业思想体系[J]. 新闻爱好者, 2016（02）：79-82.

[48] 孔明. 哔哩哔哩网站用户的使用心理分析——以B站学习类Vlog为例[J]. 新闻前哨, 2020（08）：127-128.

[49] 贾艺宁. 时政新闻Vlog中出镜记者的报道策略分析[J]. 传媒论坛, 2020, 3（18）：61+63.

[50] 吴文兵. 全媒体视角下新闻短视频的生产与传播策略——以《武汉：我的战"疫"日记》系列亲历者Vlog为例[J]. 新闻世界, 2020（08）：61-64.

[51] 陈宇燕. Vlog+微型人物故事 短视频创新报道模式[J]. 视听纵横, 2020（04）：26-28.

[52] 赵婧一. 校园题材Vlog：校园文化传播新途径[J]. 科技传播, 2020, 12（15）：151-152.

[53] 李孟洋. 当代大学生进行Vlog创作的动机分析以及作品特征[J]. 科技传播, 2020, 12（15）：153-154.

[54] 王思聪. Vlog在时政新闻领域中的生产和传播策略研究[J]. 新闻传播, 2020（15）：18-19.

[55] 吕铭. 新媒体时代Vlog新闻的影响力浅析——以新冠肺炎疫情报道为例[J]. 新闻传播，2020（15）：37-38.

[56] Mickles，Weare. Trying to save the game（r）: Understanding the self-disclosure of YouTube subscribers surrounding mental health in video-game vlog comments[J]. Southern Communication Journal,2020,85(4).

[57] 雷想. Vlog新闻：概念溯源与发展逻辑——以央视"大国外交最前线"系列Vlog为例[J]. 今传媒，2020，28（08）：19-22.

VLOG